정치★사회

역사가 쏙쏙 1
세계사 인물

글 이보림 | 그림 홍연시 | 감수 이선희

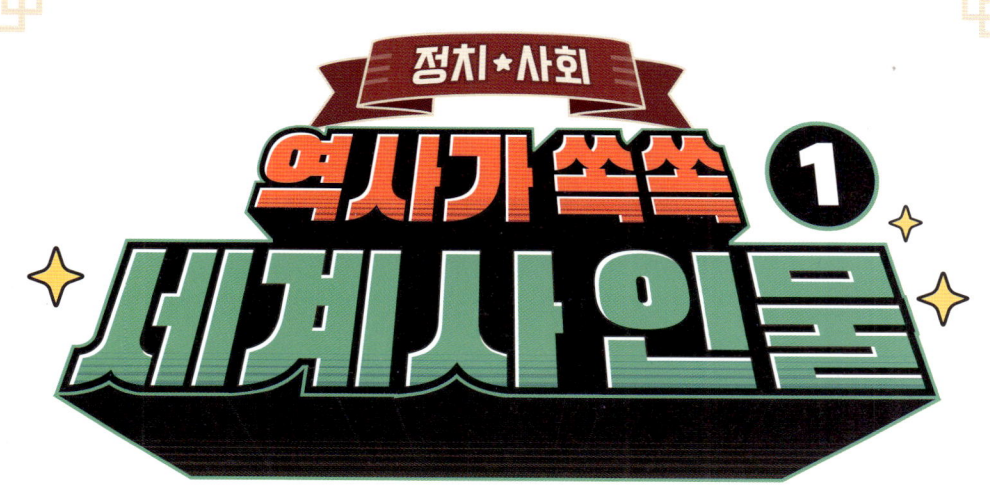

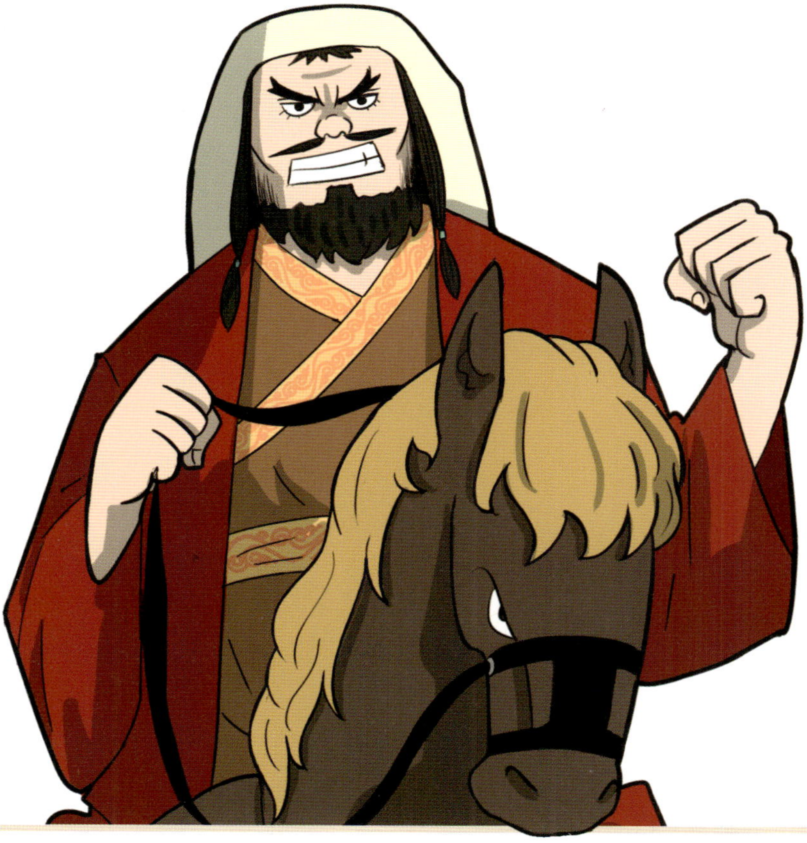

EBS BOOKS

들어가는 말

한계를 극복하고 세상을 빛낸 인물들을 만나요

　세상을 움직이는 건 사람들이에요. 사람들은 누구나 자기 삶을 살면서 세상의 변화에 참여하고 있어요. 그리고 세계의 역사라는 큰 흐름에 뚜렷한 발자취를 남긴 인물들이 있어요. 그러한 인물들은 세상의 크고 작은 변화를 이끌며 시대와 지역을 뛰어넘어 많은 영향을 미쳤지요.

　〈역사가 쏙쏙, 세계사 인물〉에서는 세계 역사에 이름을 남긴 인물들을 여러 방면에서 살펴볼 거예요. 용기와 지혜로 나라를 이끌어 지도자의 책임을 진 인물들, 남다른 도전으로 세상을 탐험하고 더 나은 세상을 위해 헌신한 인물들, 끊임없는 연구로 과학을 발전시켜 인류의 미래를 밝힌 인물들, 창작의 열정으로 예술을 꽃피워 세상을 더욱 풍요롭게 한 인물들이에요.

　세계사의 인물들은 결코 멀리 있지 않아요. 지금 우리의 삶이 세계사의 거대한 물길을 따라 모두 하나로 연결되어 있기 때문이에요. 뛰어나고 위대해 보이는 인물들도 수많은 어려움을 겪고 한계와 부딪혔어요. 그러한 어려움이 없었다면 위대함도 없었을지 몰라요.

　세계사 인물들이 어떻게 자기만의 길을 열어 갔는지, 또 그것이 어떻게 역사의 흐름을 만들어 왔는지, 지금부터 그 이야기를 만나러 함께 가 볼까요?

글 이보림

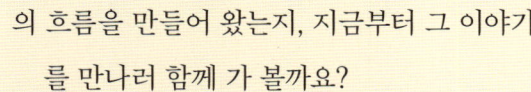

세계를 뒤흔든 인물들의 역사에 빠져 보아요

　〈역사가 쏙쏙, 세계사 인물〉은 세계 역사 기록에서 큰 발자취를 남긴 인물들을 소개하는 책이에요. 커다란 세계를 혼자 움직인 인물들은 각자의 역경을 이겨내고 큰 나무로 우뚝 섰지요. 이 인물들의 이야기를 읽다 보면 나도 모르게 그들을 닮고 싶을 거예요. 역사 인물들을 통해 각 나라들은 역사의 흐름을 만들어 갔고, 그 흐름 끝에 우리도 이 자리에 있는 것이지요. 이 책을 처음부터 끝까지 읽으면서 우리도 세계 역사 속에 풍덩 빠져 보아요!

　그리고 세계사 인물의 실제 모습에 가깝게 그린 그림을 눈여겨 봐 주세요. 그 사람과 함께 역사를 만들어 가는 기분을 느낄 수 있을 거예요. '세계사 인물 지식 충전' 코너에서는 인물과 관련 있는 실제 사건, 장소, 사실을 소개하고 있어요. 사진과 지도가 나오기 때문에 좀 더 실감나고 깊은 공부도 가능하지요.

　〈역사가 쏙쏙, 세계사 인물〉을 읽고 세계 역사 속 인물들과 사귀며 놀아 보세요. 시간 가는 줄 모를 거예요!

감수 이선희

차례

 용기와 지혜로 나라를 이끈 **정치 지도자**

대제국을 건설한 마케도니아 왕 **알렉산드로스** —— 9
인도를 통일하고 불교를 전파하다 **아소카왕** —— 13
중국을 최초로 통일하다 **진시황제** —— 17
로마에 맞선 카르타고의 명장 **한니발** —— 21
로마 공화정 말기의 최고 실력자 **카이사르** —— 25
로마의 첫 번째 황제 **옥타비아누스** —— 29
세계 최대 제국을 세우다 **칭기즈 칸** —— 33
프랑스를 구한 백 년 전쟁의 영웅 **잔 다르크** —— 37
영국을 강대국으로 만든 여왕 **엘리자베스 1세** —— 41
미국의 첫 대통령 **조지 워싱턴** —— 45
유럽을 정복한 프랑스 영웅 **나폴레옹** —— 49
노예 해방을 선언한 미국 대통령 **에이브러햄 링컨** —— 53
중국 혁명의 아버지 **쑨원** —— 57
세계 대전에서 영국을 구하다 **윈스턴 처칠** —— 61
베트남 민족 운동의 지도자 **호찌민** —— 65
남아프리카 공화국 첫 흑인 대통령 **넬슨 만델라** —— 69
국경을 뛰어넘는 혁명가 **체 게바라** —— 73

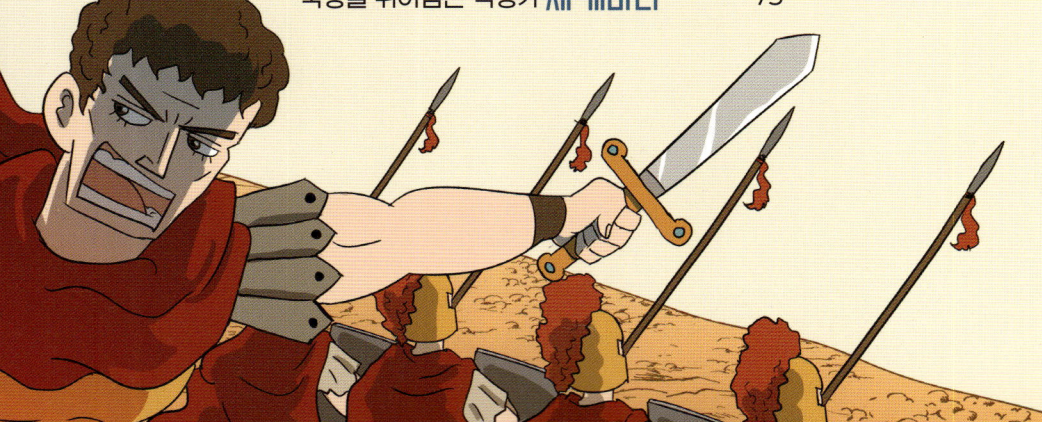

 2 도전과 헌신으로 세상을 빛낸 사회 활동가

유럽에 동방 세계를 전파하다 **마르코 폴로** ── 81
아메리카 대륙을 발견하다 **콜럼버스** ── 85
최초의 세계 일주 항해를 이끌다 **마젤란** ── 89
다재다능으로 세상에 이바지하다 **벤저민 프랭클린** ── 93
어린이를 아낌없이 사랑한 교육자 **페스탈로치** ── 97
의료 체계를 개혁한 간호사 **나이팅게일** ── 101
미국 철강 사업을 지배하다 **앤드루 카네기** ── 105
자동차의 왕 **헨리 포드** ── 109
인도 독립의 아버지 **간디** ── 113
도구를 이용한 아동 교육의 창시자 **마리아 몬테소리** ── 117
바다, 육지, 하늘을 정복한 탐험가 **아문센** ── 121
아프리카 밀림의 성자 **슈바이처** ── 125
장애를 극복한 사회 운동가 **헬렌 켈러** ── 129
미국의 영웅이 된 여성 비행사 **아멜리아 에어하트** ── 133
가장 가난한 사람들의 어머니 **테레사 수녀** ── 137
인종 차별이 없는 사회를 꿈꾸다 **마틴 루서 킹** ── 141

세계 지도로 만나 보는 세계사 인물 ── 146
찾아보기 ── 150

1

용기와 지혜로 나라를 이끈 정치 지도자

알렉산드로스

≡ 대제국을 건설한 마케도니아 왕 ≡

B.C. 356년 ~ B.C. 323년

"온 세상을 정복할 것이다!"

알렉산드로스는 마케도니아의 왕이에요. 마케도니아는 강한 군사력으로 그리스의 도시 국가들을 장악했지요. 용감한 왕이자 뛰어난 전사인 알렉산드로스는 그리스 동맹군을 이끌고 동쪽으로 원정에 나섰고, 아시아의 강대한 제국인 페르시아를 무너뜨렸어요. 10년에 걸친 모험과 정복으로 알렉산드로스 대왕은 유럽, 아프리카, 아시아에 이르는 대제국을 이룩했답니다. 또, 그의 노력을 통해 동서 문화가 서로 영향을 주고받아 헬레니즘 문화가 탄생했어요.

매듭을 푸는 사람이 세상을 지배한다

원정에 나선 알렉산드로스가 고르디움이라는 도시에 이르렀어요. 그곳 신전에는 오래된 수레가 있었는데, 먼 옛날 수레를 타고 온 고르디우스가 왕이 되어 신에게 바친 것이었어요. 수레는 아주 복잡하게 얽힌 매듭으로 단단히 묶여 있었어요. 그 매듭을 푸는 사람이 세상을 지배한다는 예언이 전해지고 있었지요. '고르디우스의 매듭'을 마주한 알렉산드로스는 검을 뽑았어요. 그리고 아무도 풀지 못한 매듭을 단칼에 잘라냈어요.

10년에 걸친 대제국 건설

알렉산드로스는 소아시아와 이집트를 정복한 뒤 페르시아 제국을 차지했어요. 더 나아가 인도의 인더스강까지 이르렀지요. 그는 계속해서 동쪽으로 나아가고 싶었지만, 오랜 전쟁으로 지친 군사들 때문에 더는 진격할 수 없었어요. 군대를 돌이킨 그는 왔던 길이 아닌 새로운 길을 탐험하면서 바빌론으로 돌아왔어요.
그렇게 10년의 모험과 정복을 통해 대제국을 건설한 알렉산드로스. 그는 어려움을 뚫고 '세상을 지배한다'는 예언을 스스로 실현하며 위대한 왕이 되었답니다.

세계사 인물 지식 충전

● 알렉산드로스 제국

알렉산드로스는 정복한 지역 곳곳에 자기 이름을 따서 '알렉산드리아'라는 도시를 건설했어요. 그중 가장 유명하고 지금도 존재하는 곳이 바로 이집트의 항구 도시 알렉산드리아예요. 헬레니즘 시대에 문화와 경제의 중심지로 발전했던 곳이지요.

이집트 알렉산드리아

● 헬레니즘 문화

알렉산드로스는 그리스 문화가 세계에 널리 퍼지길 원했고, 그리스 문화와 동방 문화가 서로 잘 어우러지도록 노력했어요. 그렇게 탄생한 문화가 '헬레니즘' 문화예요. 헬레니즘 문화의 대표적인 예술 작품으로 '밀로의 비너스상', '라오콘 군상' 등이 있어요. 그리고 헬레니즘의 영향으로 그리스 문화가 불교 미술에 녹아든 '간다라 미술'이 등장해 아시아 지역에 널리 퍼졌어요. 우리나라 경주에 있는 석굴암 본존상 역시 헬레니즘 문화의 영향을 받았답니다.

라오콘 군상
(로마, 바티칸 미술관)

≡ 인도를 통일하고 불교를 전파하다 ≡
아소카왕

B.C. 273(?)년 ~ B.C. 232(?)년

인도를 하나로, 불교를 세계로!

아소카왕은 인도 역사상 최대 영토를 차지했던 왕조인 마우리아 왕조의 제3대 왕이에요. 그는 정복 전쟁을 통해 지금의 인도 땅 대부분을 아우르는 인도 최초의 통일 대제국을 이루었어요. 그러나 전쟁의 비참한 상황을 직접 본 뒤 충격을 받아, 깊이 뉘우치고 불교의 가르침에 따라 인도를 다스렸어요. 그 뜻을 돌기둥에 새겨서 전국 곳곳에 세웠지요. 또 주변의 여러 나라에 불교를 전파해 불교가 세계에 널리 퍼지는 데 큰 영향을 끼쳤어요.

불교의 가르침으로 제국을 다스리다

아소카왕은 인도 동부 지역의 칼링가를 정복하는 과정에서 전쟁의 참혹함을 목격했어요. 무려 10만 명이 넘게 죽었고, 그보다 더 많은 사람이 포로가 되었으며, 가족과 집을 잃은 수많은 사람이 고통받았지요. 아소카왕은 이러한 비참함을 보고 깊은 괴로움과 후회를 느꼈어요. 그리하여 칼링가와의 전쟁을 마지막으로 더는 정복 전쟁을 벌이지 않았어요. 아소카왕은 살생을 금지하는 불교에 의지하며, 불교의 가르침에 따라 제국을 다스리기로 마음먹었어요.

아소카왕은 거대한 돌기둥에 불교의 가르침과 정책을 새겨 전국 각지에 세웠어요. 아소카왕의 정책은 생명에 대한 존중과 자비심에서 비롯한 것이었지요. 판결과 처벌은 공정히 하고 사형 집행은 신중하게 하며, 동물을 보호해 함부로 죽이지 못하게 했어요. 누구나 차별 없이 치료받을 수 있도록 의료 시설을 늘리고, 사람뿐 아니라 동물을 위한 진료소도 만들었어요. 또 모든 종교를 존중해서 다른 종교의 가르침에도 귀 기울이고 이해할 것을 강조했어요.

세계사 인물 지식 충전

● 석가모니와 불교

약 2600년 전에 한 나라의 왕자로 태어난 석가모니는 사람이 나고 늙고 병들고 죽는 괴로움의 문제를 해결하기 위해 왕궁을 떠났어요. 그는 6년간의 수행 끝에 비로소 부처가 되었지요. 이때 부처가 깨달은 것, 즉 인간의 괴로움과 괴로움의 소멸에 관한 가르침이 바로 불교예요. 석가모니는 누구나 바르게 수행을 하면 부처가 될 수 있다고 했어요. 불교는 아소카왕의 노력으로 세계에 널리 전파되었어요.

● 아소카 왕 석주

아소카왕이 불교 성지에 세운 돌기둥을 '아소카 왕 석주'라고 해요. 사르나트에 있는 아소카 왕 석주의 머리 부분에는 네 마리의 사자가 사방을 바라보고 있고, 사자를 받치는 곳에는 수레바퀴 모양이 조각되어 있어요. 이 수레바퀴는 부처의 가르침을 상징하며, 인도 국기의 중앙에도 그려져 있어요.

아소카 왕 석주 머리 부분

인도 국기

● 산치 대탑

인도 마디아프라데시 주에는 기원전 3세기에 아소카왕이 세운 산치 대탑이 있어요. 높이 16.5m, 지름 37m의 돔 형태이고, 세계에서 가장 오래된 불탑이에요. 아소카왕이 불교를 믿으면서 만든 불탑 가운데 가장 뛰어난 건축물로 꼽히고 있어요.

산치 대탑

중국을 최초로 통일하다
진시황제

B.C. 259년 ~ B.C. 210년

법대로 엄격하게 다스릴 것이다!

법

수백 년 동안 중국은 여러 나라로 나뉘어 서로 세력을 다투었어요. 춘추 전국이라고 불리는 이 시대를 거쳐, 기원전 221년에 중국을 최초로 통일한 나라가 '진'이에요. 진나라 왕은 통일을 이룬 뒤 첫 번째 황제라는 뜻으로, 스스로를 '시황제'라고 불렀어요. 진시황제는 통일 제국을 효과적으로 다스리기 위해 모든 권력을 중앙에 집중하는 정책을 펼쳤어요. 또, 도덕보다 법을 강조한 법가 사상을 받아들여 엄격한 법과 형벌로 나라를 다스렸어요.

모든 권력을 황제에게 집중시키다

춘추 전국 시대에는 여러 지방에 권력이 분산되어 있었어요. 이들을 정복해 중국을 통일한 진시황제는 나라의 모든 권력을 중앙, 즉 황제인 자신에게로 집중했어요. 이러한 중앙 집권제는 광대한 영토와 다양한 문화의 백성을 효과적으로 다스리기 위한 것이었지요. 진시황제는 중앙에서 관리를 보내 전국을 직접 다스리는 '군현제'를 실시했어요.

분서갱유로 사상을 통제하다

유가를 따르던 학자들은 법가를 바탕으로 한 진시황제의 새로운 제도들을 비난하며 옛 제도를 추켜세웠어요. 그러자 진시황제는 백성들의 사상을 통제하기 위해 의약, 점술, 농업에 관한 책을 제외하고는 모두 불태우도록 했어요. 이러한 명령을 거스르고 황제의 정책을 비판하거나 법을 어긴 사람들을 땅에 파묻어 죽였는데, 그 수가 460여 명에 이르렀지요. 이를 '분서갱유'라고 해요.

세계사 인물 지식 충전

● 제자백가

춘추 전국 시대에 혼란한 세상을 바로잡기 위해 나타난 여러 사상가와 학파를 제자백가라고 해요. 이 중 진시황제가 통치 원리로 삼은 법가 사상은 엄격한 법과 처벌을 강조했어요.

유가, 도가, 법가 등의 여러 학파를 뜻해요.

공자, 맹자, 노자 등과 같은 여러 사상가를 뜻해요.

● 진시황릉 병마용 갱

진시황제의 무덤 근처에서 대규모의 병마용이 발굴되었어요. 병마용은 흙을 빚어 구워서 만든 병사와 말 등의 모형이에요. 크기와 모양이 실제 사람과 비슷하고, 수천 점의 인형이 마치 살아 있는 듯 저마다 다른 얼굴과 표정, 자세 등을 하고 있어요. 이것으로 당시 진시황제의 권력이 얼마나 강력했는지를 짐작할 수 있어요.

병마용

● 만리장성

진시황제는 몽골고원의 기마 민족인 흉노의 침입을 막기 위해 만리장성을 쌓았어요. 춘추 전국 시대의 조나라, 연나라 등이 쌓은 성을 하나로 연결하면서 크게 늘려 완성한 것이지요. 지금 남아 있는 것은 뒤에 명나라가 새로 쌓은 것이에요. 성벽의 길이는 6,352km에 이른다고 해요.

만리장성

B.C. 247년 ~ B.C. 183(?)년

≡ 로마에 맞선 카르타고의 명장 ≡
한니발

로마로 진격하라!

한니발은 카르타고의 장군이에요. 카르타고는 북아프리카의 연안 도시로, 지중해 서부 일대를 장악하고 있었어요. 기원전 3세기에 카르타고는 지중해의 지배권을 놓고 로마와 포에니 전쟁을 벌였어요. 한니발은 제2차 포에니 전쟁에서 로마군을 크게 격파했지요. 그의 뛰어난 활약에도 불구하고 결국 전쟁은 로마가 승리했어요. 전쟁에서는 패했어도 한니발은 '전략의 아버지'라고 불리며 역사상 가장 위대한 지휘관으로 이름을 떨쳤답니다.

코끼리 떼를 몰고 알프스산맥을 넘다

한니발의 아버지는 제1차 포에니 전쟁 때 로마군과 싸운 카르타고의 장군이었어요. 전쟁에서 카르타고가 진 후, 한니발의 가족은 히스파니아로 이주해 식민지를 개척하며 힘을 길렀어요. 어린 시절 한니발은 카르타고를 위해 로마를 무찌르겠다고 신에게 맹세했어요. 용감한 군인이자 훌륭한 지도자로 성장한 한니발은 히스파니아에서 대군을 이끌고 로마로 향했어요. '한니발 전쟁'이라고도 하는 제2차 포에니 전쟁의 시작이었지요.

한니발이 거느린 군대에는 전투 코끼리도 포함되어 있었어요. 수만 명의 병사와 수십 마리의 코끼리 떼가 피레네산맥을 넘고, 다시 눈 덮인 알프스산맥을 넘었어요. 로마는 한니발이 험난한 알프스를 넘어 쳐들어올 것이라고는 전혀 예상하지 못했어요. 한니발은 뛰어난 전략으로 로마군을 격파해 나갔고, 특히 칸나에 전투에서 로마의 대군을 거의 몰살했어요. 로마가 한니발과 싸워 이기기 위해서는 한니발을 배워야만 했지요. 비록 적이라 할지라도 그는 누구나 인정할 수밖에 없는 위대한 장군이었으니까요.

세계사 인물 지식 충전

● 포에니 전쟁과 로마 제국

'포에니'는 페니키아인을 뜻하는 말로, 로마인들이 카르타고인을 부르던 이름이에요. 로마와 카르타고 사이에서 세 번에 걸쳐 포에니 전쟁이 치러졌어요. 제2차 포에니 전쟁 때 대군을 이끌고 최초로 알프스를 넘은 한니발은 십여 년 동안 이탈리아에서 로마군과 싸워 크게 이겼지만, 위험에 빠진 카르타고로 돌아가 싸운 자마 전투에서 패배하고 말았지요. 포에니 전쟁은 로마의 승리로 끝났고, 이후 로마는 지중해 해상 무역을 차지하고 강력한 제국을 세웠어요.

● 카르타고

카르타고는 페니키아인이 세운 도시예요. 페니키아인은 오래전부터 지중해를 누비며 해상 무역을 활발히 했어요. 부유하고 강성했던 카르타고는 포에니 전쟁에서 패배한 뒤 멸망했지요. 현재 튀니지에는 카르타고 유적지가 남아 있어요.

튀니지 카르타고 유적지

≡ 로마 공화정 말기의 최고 실력자 ≡
카이사르

B.C. 100년 ~ B.C. 44년

내가 로마에서 제일 잘나가!

율리우스 카이사르는 로마의 장군이자 정치가예요. 그는 대중의 마음을 잘 헤아려서 큰 인기를 얻었고, 최고 관직인 집정관에 올라 뛰어난 정치력을 발휘했어요. 또 갈리아를 정복하며 더욱 큰 힘을 갖게 되었지요. 카이사르는 자신의 힘을 뺏으려는 원로원과 폼페이우스 등을 물리친 뒤 로마의 최고 권력자가 되었어요. 이후 여러 가지 사회 개혁을 추진했고 새로운 역법을 시행했어요. 그러나 그의 권력을 두려워한 귀족들의 칼에 찔려 숨을 거두었어요.

갈리아를 정복하고 반대파를 평정하다

카이사르는 갈리아 지역 전체를 정복해 로마의 영토로 만들었어요. 갈리아 정복으로 그는 막대한 부와 군사력을 얻었고, 로마에서 명성과 인기도 더욱 높아졌어요. 원로원 귀족들은 카이사르의 힘을 억누르기 위해 폼페이우스 장군을 끌어들였어요. 원로원과 폼페이우스는 카이사르에게 군대를 해산하고 로마로 돌아오라고 명령했지요. 카이사르는 명령에 따른다면 자신의 권력을 모두 잃게 될 것을 알았어요.

카이사르는 루비콘강 앞에 이르렀어요. 루비콘강은 갈리아와 이탈리아의 경계가 되는 강이었지요. 카이사르는 결단을 내리고 외쳤어요.
"주사위는 던져졌다!"
그는 병사들과 함께 강을 건너 로마로 진격했어요. 원로원의 귀족들과 폼페이우스는 제대로 맞서지도 못하고 도망쳤어요. 달아난 폼페이우스는 그리스에서 카이사르와 맞붙어 크게 패했어요. 반대파를 모두 평정한 카이사르는 로마 최고 권력자가 되어 각종 개혁 정치를 펼쳤답니다.

세계사 인물 지식 충전

● 로마 공화정과 삼두 정치

기원전 6세기 말에 로마의 귀족들이 공화정을 세웠어요. 공화정은 '투표로 대표를 뽑아 나랏일을 하는 정치'를 말해요. 초기 로마의 공화정은 귀족들을 중심으로 이루어졌다가, 차츰 평민들도 정치에 참여했어요. 그런데 제1차 포에니 전쟁 이후 귀족파와 평민파로 나뉘어 권력 다툼이 일어났고, 그 결과 세 명의 군인 정치가들이 권력을 장악했어요. 이것을 '삼두 정치'라고 해요. 처음으로 권력을 잡은 세 명의 정치가는 카이사르, 크라수스, 폼페이우스이고, 두 번째로 옥타비아누스, 안토니우스, 레피두스가 권력을 잡았어요.

제1회 삼두 정치 권력자

카이사르 크라수스 폼페이우스

● 《갈리아 전기》와 율리우스력

《갈리아 전기》는 카이사르가 갈리아 정복 과정을 직접 기록한 책이에요. 고대의 프랑스, 독일, 영국에 관한 가장 오래된 역사 자료이기도 해요. 또, 카이사르의 뛰어난 글솜씨를 볼 수 있는 문학 작품으로도 가치가 높아요. 율리우스력은 카이사르가 기존의 달력을 고쳐 새로 만든 달력이에요. 1년을 365일로 하고 4년마다 하루(2월 29일)를 더하는 윤년을 두었지요. 훗날 율리우스력을 약간 고쳐서 오늘날 우리가 사용하는 달력이 되었어요.

● 카이사르의 죽음

로마 공화정을 지키려는 귀족들은 카이사르의 독재에 불만을 품었어요. 카이사르가 황제가 되려는 것은 아닌지 의심했고 두려웠지요. 그들은 카이사르를 없애기로 했고, 원로원 의사당에서 그를 살해했어요. 이때 카이사르가 총애하던 브루투스도 있었다고 해요.

〈카이사르의 죽음〉(1789년, 카무치치 그림)

로마의 첫 번째 황제
옥타비아누스

B.C. 63년 ~ 14년

로마는 황금 시대를 맞이할 것이다!

카이사르가 죽은 뒤 그의 양자인 옥타비아누스가 후계자가 되었어요. 옥타비아누스는 카이사르의 부하였던 안토니우스 장군과 지배권 다툼을 벌였고, 이집트의 클레오파트라와 연합한 안토니우스를 악티움 해전에서 물리쳤어요. 모든 권력을 장악한 옥타비아누스는 원로원으로부터 '아우구스투스'라는 칭호를 받았어요. 이로써 아우구스투스는 로마의 첫 황제가 되어 로마 제국의 기반을 닦았고, 이후 약 200년 동안 로마는 평화와 번영을 누렸어요.

'존엄한 자', 아우구스투스가 되다

옥타비아누스는 권력을 장악하는 과정에서 경쟁자인 안토니우스와 동맹을 맺기도 했어요. 그들은 함께 카이사르를 암살한 귀족들의 군대를 무찔렀고, 공화정을 지지하던 원로원 의원들을 몰아냈어요. 한편 안토니우스는 이집트의 여왕 클레오파트라와 사랑에 빠져 이집트에 머물렀어요. 옥타비아누스는 안토니우스가 로마의 영토를 이집트에 넘겨 주는 등 로마를 배신하고 이집트 편에 선다며 비난했어요. 로마인들은 안토니우스에게 등을 돌렸고, 옥타비아누스는 클레오파트라와 연합한 안토니우스 군대와 싸웠어요.

악티움 해전에서 안토니우스에게 승리한 옥타비아누스는 로마의 일인자가 되었어요. 하지만 그는 독재자로 보여지고 싶지 않았어요. 나라의 혼란을 정리했으니 자신의 특권을 원로원과 시민에게 돌려주겠다고 했지요. 이러한 옥타비아누스에게 원로원은 '존엄한 사람'이라는 뜻의 아우구스투스라는 칭호를 바쳤어요. 아우구스투스는 모든 권력을 손에 쥐어 사실상 로마의 첫 황제가 되었어요. 이때부터 로마는 공화정에서 황제가 다스리는 정치인 '제정'으로 바뀌었고, 평화와 번영의 황금시대를 이룩했답니다.

세계사 인물 지식 충전

● 로마 판테온

로마 제국의 대표적인 건축물로, 모든 신을 위해 만들어진 신전이에요. 옥타비아누스를 도와 악티움 해전을 승리로 이끈 아그리파가 기원전 27년에 처음 세웠고, 이후 불타 없어진 것을 2세기 초에 다시 세웠어요. 거대한 돔 천장의 중앙에 뚫린 구멍으로 햇빛이 들어온답니다.

로마 판테온

판테온 내부 천장

● 로마의 도로와 수도교

아우구스투스는 도로와 수도 등을 정비해 로마 제국의 기반을 닦았어요. 총 80,000km에 달하는 로마의 주요 도로는 제국 전체에 혈관처럼 뻗어 군대와 물자가 신속하게 이동할 수 있었어요. 또, 곳곳에 건설된 수도교를 통해 맑은 물이 도시에 풍부하게 공급되었지요. 로마 시대의 도로와 수도교는 지금도 사용될 정도로 잘 만들어졌어요.

프랑스 가르강 수도교 / 로마 시대 도로 / 스페인 세고비아 수도교

≡ 세계 최대 제국을 세우다 ≡
칭기즈 칸

1162년~1227년

세상은 내 손 안에 있다.

칭기즈 칸의 본명은 테무친이에요. 테무친은 여러 부족으로 흩어져 있던 몽골족을 통일하고 칭기즈 칸이 되어, 몽골 제국을 세웠어요. 몽골 제국은 금나라를 무너뜨렸고 중앙아시아를 장악했어요. 그리고 러시아와 유럽 지역까지 휩쓸며 세계를 정복했지요. 칭기즈 칸의 몽골 제국은 강력한 군대와 지도력으로 만들어진 역사상 가장 큰 제국이었어요. 그가 이룬 대제국을 통해 유럽과 아시아 문화 교류의 새로운 장이 펼쳐졌답니다.

몽골 제국을 세우고 칭기즈 칸이 되다

칭기즈 칸은 어린 시절부터 많은 고난을 겪었어요. 아버지가 다른 부족에게 독살된 후, 어린 테무친과 가족은 부족에게서 버림받아 힘겹게 목숨을 이어 갔어요. 테무친은 노예로 붙잡혔다가 탈출하기도 했고, 죽을 고비를 여러 번 넘겼어요. 하지만 모든 어려움을 이겨내고 몽골 고원의 여러 부족을 통일해 마침내 몽골 제국을 세우고 칸의 자리에 올랐어요. '칸'은 몽골어로 왕을 뜻하며, 테무친은 '위대한 왕'을 뜻하는 칭기즈 칸으로 불렸어요. 칭기즈 칸은 본격적인 정복 활동을 펼쳐, 금을 무너뜨리고 중앙아시아를 정복했어요. 나아가 러시아와 동유럽 일대를 점령했고, 이슬람 왕조를 무너뜨렸지요.

세계로 뻗어나가다

몽골군은 말을 타고 빠르게 들이쳐 점령지를 잿더미로 만들었어요. 유럽인들은 몽골군의 침입을 신이 내린 벌이라고 여길 정도로 두려움에 떨었지요. 칭기즈 칸은 전술과 무기를 잘 활용해 강력한 군대를 만들었고 출신에 상관없이 인재를 뽑았으며, 상인을 통해 지리와 군사 정보를 수집했어요. 이를 통해 세계를 정복한 칭기즈 칸과 그의 자손은 역사상 가장 큰 제국을 이룩했어요.

세계사 인물 지식 충전

● 몽골 기마병

몽골족은 어릴 때부터 말을 잘 타서 기마 실력이 뛰어났어요. 몽골 기마병은 말 위에서 먹고 자면서 먼 거리를 빠르게 이동했고, 병사 한 명이 여러 마리의 말을 끌고 다니며 말이 지치면 곧바로 갈아탔어요. 동물 가죽으로 만든 가벼운 옷을 입고 말 위에서 쓰기 편한 짧은 활을 사용했지요. 이처럼 신속한 기동력을 바탕으로 몽골군은 세계를 휩쓸었어요.

● 몽골 제국

아시아와 유럽에 걸친 몽골 제국은 현재 중국보다 3배나 넓은 영토를 차지했어요. 칭기즈 칸이 죽은 뒤에 몽골 제국은 여러 울루스(칸이 지배하는 곳)로 나뉘었고, 칭기즈 칸의 손자인 쿠빌라이 칸은 나라 이름을 '원'으로 바꾸고 중국 전체를 지배하면서 전성기를 이루었어요.

40m, 250t

칭기즈 칸 동상(몽골, 에르덴 박물관)

프랑스를 구한 백년 전쟁의 영웅
잔 다르크

1412년 ~ 1431년

> 신의 뜻에 따라 프랑스가 승리할 것이다!

잔 다르크는 프랑스 북동부 마을에서 농부의 딸로 태어났어요. 열세 살이 되던 어느 날 잔 다르크는 프랑스에서 영국군을 몰아내고 프랑스 왕을 도우라는 신의 목소리를 들었어요. 그리고 열여섯 살에 전쟁터로 나섰어요. 당시 프랑스는 영국과 백 년 전쟁 중이었고, 영국군에게 영토를 많이 빼앗기며 큰 위기에 빠져 있었어요. 잔 다르크는 ==프랑스군의 지휘관이 되어 군사들을 이끌고 영국군을 무찔렀어요. 그 덕분에 위기를 벗어난 프랑스는 마침내 백 년 전쟁에서 승리했어요.==

신의 뜻에 따라 프랑스를 구하다

영국이 프랑스의 왕위 계승을 문제 삼으며 프랑스에 침입해 전쟁을 일으켰어요. 프랑스 땅에서 100년에 걸쳐 벌어진 이 전쟁을 '백 년 전쟁'이라고 해요. 백 년 전쟁에서 프랑스군은 영국군에게 크게 밀리고 있었어요. 프랑스의 샤를 왕세자는 자신감을 잃은 채 더욱 위태로운 처지에 놓였지요. 그때 신의 뜻을 따른다는 한 소녀가 샤를 왕세자를 만나러 왔어요. 바로 잔 다르크였지요.

샤를은 일부러 아랫사람 옷을 입고 군중 속에 섞여 있었지만 잔 다르크는 한눈에 왕세자를 알아봤어요. 샤를 왕세자는 잔 다르크의 요청대로 군대를 내주었어요. 갑옷을 입은 잔 다르크는 깃발을 들고 맨 앞에서 용감하게 프랑스군을 이끌었어요. 잔 다르크를 보고 크게 용기를 얻은 프랑스군은 오를레앙성에서 영국군을 물리치고 여러 성을 되찾았어요. 잔 다르크는 백 년 전쟁의 흐름을 뒤집어 프랑스를 위기에서 구한 영웅이 되었어요. 또 그의 활약 덕분에 샤를 왕세자는 정식으로 프랑스 왕위에 올랐답니다.

세계사 인물 지식 충전

● 마녀사냥

마녀사냥은 유럽의 교회에서 이단자를 마녀로 판결해 화형시키던 일을 말해요. 잘못된 신앙심에서 비롯된 일이었지요. 전투 중에 영국군에 잡힌 잔 다르크 역시 종교 재판에서 억울하게 마녀로 몰렸고 결국 화형을 당했어요. 백 년 전쟁이 끝난 뒤에야 다시 재판이 열려 누명을 벗을 수 있었어요.

오를레앙 전투의 잔 다르크

(쥘 외젠 르네프뵈, 1886년~1890년 작품)
화형당하는 잔 다르크

● 흑사병

백 년 전쟁은 1337년부터 1453년까지 100년 넘게 이어진 전쟁이에요. 하지만 중간에 싸움을 멈추기도 했는데, 유럽을 휩쓴 흑사병 때문이었어요. 흑사병은 쥐벼룩을 통해 사람에게 옮겨져, 사람들의 기침이나 배설물 등을 통해 전염되었어요. 당시 흑사병으로 유럽 인구의 3분의 1이 사망했고, 흑사병 의사의 방역을 위한 복장은 죽음을 상징하는 모습이 되었지요. 체코에 있는 세들레츠 성당 예배당은 당시 흑사병으로 사망한 사람들의 유골로 장식되어 있어요.

세들레츠 성당 내부

흑사병 의사의 모습

≡ 영국을 강대국으로 만든 여왕 ≡
엘리자베스 1세

1533년~1603년

나는 영국과 결혼했다!

엘리자베스 1세는 <u>45년 동안 영국을 다스리며 영국이 유럽 강대국으로 발전하는 길을 열었어요.</u> 스페인의 무적함대를 물리친 뒤 해상권을 장악했고, 북아메리카에 식민지를 개척했으며, 무역을 독점하는 동인도 회사를 만들어 인도 지역으로 진출했지요. 또한 국내 상공업을 키우기 위해 힘썼으며, 빈민을 구제하는 정책을 폈어요. 많은 업적은 남긴 그녀는 "나는 영국과 결혼했다."라고 말하며 평생 결혼하지 않고 나라를 위해 살았어요.

스페인 무적함대를 물리치다

엘리자베스 1세는 스페인과 대결을 앞두고 있었어요. 스페인은 당시 유럽에서 가장 강력한 나라였어요. 해상 무역을 장악하고 아메리카 식민지에서 막대한 양의 금과 은을 가져왔지요. 엘리자베스 1세는 영국 해적이 스페인 보물선을 약탈하는 것을 눈감아 주었고, 많은 금은을 빼앗아 온 해적에게 훈장을 주었어요. 또, 스페인 영토인 네덜란드에서 독립 전쟁이 일어나자 네덜란드 독립을 지원했어요. 스페인의 왕 펠리페 2세는 더는 두고 볼 수 없었어요. 그는 영국을 공격하기로 했지요.

스페인의 무적함대가 영국으로 향했어요. 영국 해군은 영국 해협으로 들어온 무적함대를 습격했어요. 불붙인 배를 띄워 보내 무적함대의 대열을 흐트러뜨리고 포를 쏘았지요. 영국의 공격을 피해 달아난 무적함대는 낯선 바다에서 큰 폭풍을 만나 많은 배가 침몰했어요. 영국은 스페인의 자랑이던 무적함대를 물리치며 큰 자신감을 얻었어요. 이후 해상권을 장악한 영국은 유럽 강대국으로 발전했으며, 엘리자베스 1세는 영국의 전성기를 이끈 국왕으로 칭송되었어요.

● 절대 왕정

절대 왕정이란 '왕이 절대적인 권력을 가지고 나라를 지배하는 정치'를 말해요. 16세기~18세기 유럽 국가들은 절대 왕정으로 나라를 다스렸어요. 대표 인물로는 스페인의 펠리페 2세, 영국의 엘리자베스 1세, 프랑스의 루이 14세가 있지요. 그중 스페인은 제일 먼저 절대 왕정을 시작했고, 남아메리카에 거대한 식민지를 가지고 있는 유럽 최강국이었어요. 펠리페 2세는 스페인이 가장 번영하던 시기의 왕으로, 무적함대로 불리는 함대를 가지고 해상 무역을 장악하기도 했어요. 당시 유럽 바다에 무적함대가 나타나면 모두 두려움에 떨었다고 해요.

절대 왕정 시대의 군주

스페인, 펠리페 2세

영국, 엘리자베스 1세

프랑스, 루이 14세

● 엘리자베스 시대

엘리자베스 1세 역시 절대 권력으로 나라를 안정시켰고, 해외 식민지를 건설하는 등 영국을 부강한 나라로 만들었어요. 이때를 영국 역사의 황금기라고도 해요. 엘리자베스 1세는 1600년에 인도, 동아시아의 향료와 모직물을 독점으로 무역하기 위해 동인도 회사를 세웠어요. 그전까지는 스페인와 포르투갈이 무역을 독점하고 있었는데, 1588년에 영국이 스페인의 무적 함대를 격파한 뒤 무역을 독점할 수 있었어요. 동인도 회사는 영국이 인도를 식민지로 만드는 데 중요한 역할을 했어요.

무적함대의 패배(1796년, 필립 제임스 드 루테르부르 그림)

미국의 첫 대통령
조지 워싱턴

1732년~1799년

> 미국의 독립을 위해 끝까지 싸운다!

독립 선언

조지 워싱턴은 영국의 식민지였던 북아메리카 버지니아주에서 태어났어요. 식민지와 영국이 대립하면서 독립 전쟁이 일어나자, 그는 독립군 총사령관으로 임명되었어요. 독립 선언서가 발표된 뒤 조지 워싱턴은 미국의 독립 전쟁을 승리로 이끌었고, 새로 만들어진 연방 헌법에 따라 미국의 첫 대통령으로 뽑혔어요. 대통령이 된 그는 민주주의가 뿌리내리도록 힘썼으며, 미국의 기반을 튼튼히 다져 '미국 건국의 아버지'로 불리고 있어요.

독립 전쟁을 승리로 이끌다

북아메리카의 13개 식민지는 영국의 간섭과 무거운 세금에 반발했는데, 갈등이 심해지면서 독립 전쟁이 일어났어요. 참전 경험이 있던 워싱턴은 독립군 사령관이 되었으나, 병사들은 훈련받은 적도 없는 사람들이었어요. 무기는 총알조차 부족할 정도로 변변치 못했고, 모든 물자가 턱없이 모자랐어요. 하지만 워싱턴은 이 모든 어려움을 하나씩 해결해 가며 군대를 훌륭하게 이끌었어요. 병사들에게 독립 선언서를 읽어 주며 사기를 높였지요. 그의 노력과 프랑스의 지원 등에 힘입어 독립군은 전쟁에서 승리했어요.

독립은 우리의 숙명이다!

세계 최초로 대통령에 선출되다

영국으로부터 독립한 미국 13개 주는 새로운 정부를 세우기로 했어요. 전쟁 후 고향에 돌아갔던 워싱턴을 의장으로 뽑아 헌법 제정 회의를 열었어요. 미국 헌법이 만들어졌고, 중앙 정부를 두기로 했지요. 그리고 새 헌법에 따른 선거에서 워싱턴은 대통령으로 당선되었어요. 그는 취임식에서 성서에 손을 올리고 대통령의 임무를 성실히 수행할 것을 맹세했어요. 이로써 그는 미국 최초의 대통령이자, 세계 최초의 대통령이 되었어요.

세계사 인물 지식 충전

● 미국 독립 전쟁

유럽의 강대국들은 앞다투어 식민지를 건설했어요. 그중 영국은 북아메리카에 식민지를 세웠고, 100여 명의 영국인들을 식민지로 보내 정착하게 했어요. 그런데 영국이 점차 정착민들에게 간섭이 심해지고 과도하게 세금을 걷자, 이에 불만이 생겨 정착민들이 영국의 지배에서 벗어나기 위해 독립 전쟁을 일으켰어요.

미국 독립 전쟁 과정

1773년	식민지 주민들이 영국 동인도 회사의 배를 습격한 '보스턴 차 사건'이 일어났어요.
1775년	렉싱턴에서 영국군과 민병대의 총격전을 시작으로 전쟁이 시작되었어요.
1776년	민주주의의 기본 원리를 담은 미국의 '독립 선언서'를 발표했어요.
1781년	조지 워싱턴의 지휘 아래 민병대가 '요크타운 전투'에서 승리했어요.
1783년	파리 회의에서 식민지였던 13개 주의 독립을 인정하고 새로운 국가 '미합중국(미국)'을 세웠어요.
1787년	'미국 헌법'이 새로 제정되었어요.
1789년	조지 워싱턴이 미국의 첫 대통령이 되었어요.

1787년, 미국 헌법 서명 장면(1940년, 하워드 챈들러 크리스티 그림)

● 워싱턴 D.C.(District of Columbia)

미국에서는 조지 워싱턴을 기리기 위해 미국 수도에 그의 이름을 붙여 워싱턴 D.C.라고 했어요. 워싱턴 D.C.에는 그의 업적을 기념하기 위한 워싱턴 기념탑이 있는데, 높이가 약 170m예요. 워싱턴 D.C.에서는 이 기념탑보다 높은 건물이 들어설 수 없다고 해요.

워싱턴 기념탑

나폴레옹

≡ 유럽을 정복한 프랑스 영웅 ≡

1769년 ~ 1821년

내 사전에 불가능이란 없다!

나폴레옹은 지중해의 코르시카섬에서 태어나 프랑스 군인이 되었어요. 프랑스 혁명 당시 뛰어난 전략으로 영국군을 몰아냈고, 혁명 이후에는 이탈리아와 이집트 원정을 이끌어 승리했어요. 프랑스의 영웅으로 이름을 떨친 그는 쿠데타를 일으켜 권력을 장악하고 통령이 되었어요. 이후 국민들의 지지를 얻어 마침내 <u>황제의 자리에 올랐고, 유럽 대륙을 정복했어요.</u> 그의 정복 전쟁으로 프랑스 혁명의 자유와 평등, 박애 정신이 유럽에 널리 퍼졌어요.

이탈리아 원정에 앞장서다

프랑스에서 시민 혁명이 일어나자 주변 국가의 왕들은 혁명이 자기 나라에 번질까 봐 두려웠어요. 그들은 동맹을 맺어 프랑스를 무너뜨리고자 했어요. 프랑스도 이에 대항해 나폴레옹을 사령관으로 뽑아 이탈리아 원정을 보냈어요. 당시 프랑스는 경제적 위기 때문에 군대의 형편도 좋지 않았지만, 나폴레옹은 병사들에게 용기를 불어넣었고, 그의 부대는 짧은 기간 안에 이탈리아 북부를 점령했어요.

스스로 황제의 자리에 오르다

나폴레옹은 이집트 원정에서도 승리하며 더욱 명성을 떨쳤어요. 프랑스로 돌아온 그는 어지러운 정치 상황에서 쿠데타를 일으켜 권력을 장악했어요. 프랑스 통령 정부의 제1통령이 되어 나라의 질서를 바로잡고 사회를 개혁하는 데 힘썼지요. 국민들은 나폴레옹에게 높은 지지를 보냈어요. 결국 1804년에 국민 투표로 나폴레옹은 황제의 자리에 올랐어요. 노트르담 대성당에서 열린 성대한 대관식에서 나폴레옹은 스스로 황제의 관을 썼답니다.

세계사 인물 지식 충전

● 프랑스 혁명과 나폴레옹 시대

절대 왕정 시기에 프랑스는 세 신분(귀족, 성직자, 평민)으로 나뉘었는데, 평민들은 점차 과도한 세금과 억압에 시달렸어요. 결국 사람들은 1789년에 바스티유 감옥을 습격하며 혁명을 일으켰고, 절대 왕정을 무너뜨렸어요. 이 과정에서 프랑스의 영웅이 된 나폴레옹은 황제의 자리까지 올라 영국을 제외한 전 유럽을 지배했어요. 하지만 나폴레옹의 시대는 오래가지 않았어요.

프랑스의 신분제 풍자화

프랑스 혁명 과정

- **1789년** 평민들로 구성된 '국민 의회'가 만들어졌어요. 자유와 평등을 내세운 〈인권 선언〉을 발표했어요.
- **1791년** '입헌 의회'를 구성하고 헌법을 제정했어요.
- **1792년** 왕정을 폐지하고 '공화정'을 시작했어요.
- **1793년** 프랑스의 왕이었던 루이 16세가 처형당했어요. 프랑스 공화국의 독재 정치가 시작되었어요.
- **1799년** 나폴레옹을 통령으로 하는 '통령 정부'가 시작되었어요.

바스티유 감옥 습격 사건

나폴레옹 시대

- **1804년** 국민 투표로 황제 자리에 올랐어요. 《나폴레옹 법전》을 펴냈어요.
- **1812년** 러시아 원정에 실패했어요.
- **1814년** 영국군, 러시아군 등에 의해 파리를 점령당하고 유배되었어요. 이후 루이 18세가 왕위에 올랐어요.
- **1815년** 파리로 돌아와 다시 황제에 올랐으나 워털루 전투(영국, 프로이센과의 전투)에서 패배 후 유배되었어요.

나폴레옹이 만든 법전으로, 오늘날 세계 법전의 기초가 되었어요.

나폴레옹 황제 대관식(나폴레옹이 아내에게 직접 관을 씌워 주는 모습)

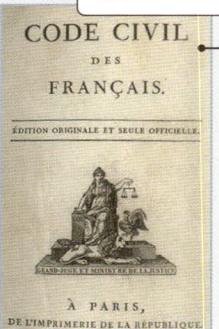

《나폴레옹 법전》

노예 해방을 선언한 미국 대통령
에이브러햄 링컨

1809년~1865년

진정한 승리는 마음을 움직이는 것!

링컨은 가난한 농가에서 태어나 학교를 제대로 다니지 못했으나 독서를 무척 좋아했어요. 독학으로 변호사가 되었고, 선거에 출마해 의원이 되었지요. 노예제를 반대해 공화당에 들어가, 미국 제16대 대통령에 당선되었어요. 이후 남북 전쟁에서 남부에 맞서 노예 해방을 선언했고, 전쟁은 북부의 승리로 끝났어요. 그는 연설을 통해 '국민의, 국민에 의한, 국민을 위한 정부'라는 말을 남겼어요. 다음 대통령 선거에도 당선되었으나, 극장에서 연극을 보던 중 암살되었어요.

남북 전쟁을 승리로 이끌다

미국의 남부와 북부는 큰 차이가 있었어요. 남부는 대농장에서 흑인 노예를 부려 목화와 사탕수수 등을 재배했어요. 반면 북부에서는 철과 석탄을 바탕으로 상공업이 발달했지요. 북부는 공장에서 일할 값싸고 자유로운 노동력이 필요했고, 남부는 대규모 농업에 이용할 흑인 노예가 필요했어요. 그런데 노예제를 반대하는 링컨이 대통령으로 당선되자, 남부에서 먼저 북부를 공격하면서 미국의 남북 전쟁이 시작되었어요.

전쟁은 처음엔 남부가 이기는 듯했어요. 하지만 링컨은 1863년 노예 해방을 선언했고, 풀려난 노예들이 스스로 북부의 군사가 되어 힘껏 싸웠어요. 또, 다른 나라들도 북부에 힘을 실어 주었지요. 치열했던 게티즈버그 전투에서 북부가 이기고, 결국 남부가 항복하면서 1861년부터 1865년까지 4년에 걸친 전쟁이 끝났어요. 링컨은 게티즈버그에서 죽은 병사들을 추모하는 연설 중 다음과 같이 말했어요.

"국민의, 국민에 의한, 국민을 위한 정부는 영원히 사라지지 않을 것입니다."

세계사 인물 지식 충전

● 암살당하는 링컨

남북 전쟁이 끝나고 며칠 뒤 링컨은 워싱턴의 한 극장을 찾았어요. 귀빈석에서 연극을 관람하던 중 남부를 지지하던 배우가 쏜 총에 맞아 숨지고 말았어요.

1865년, 암살당하는 링컨

● 러시모어산

미국 러시모어산에는 미국 대통령 네 명의 얼굴이 새겨진 석상이 있어요. 조지 워싱턴, 토머스 제퍼슨(제3대 대통령), 에이브러햄 링컨, 시어도어 루즈벨트(제26대 대통령)의 얼굴이에요. 무려 18m의 거대한 조각이에요. 하지만 미국 원주민의 땅을 침략해 만들었다는 논란도 있어요.

러시모어산 석상

● 링컨 기념관

미국 수도인 워싱턴 D.C.에는 링컨 대통령을 기리기 위해 세운 링컨 기념관이 있어요. 이곳은 많은 대중 집회가 열린 곳으로, 미국 민주주의 역사의 중요한 장소랍니다.

링컨 기념관

≡ 중국 혁명의 아버지 ≡

쑨원

위태로운 중국을 구하라!

1866년~1925년

쑨원은 중국의 정치가예요. 하와이에서 서양 학문을 배웠고, 홍콩에서 공부해 의사가 되었어요. 위태로운 나라를 바꾸자고 마음먹은 그는 민족, 민권, 민생의 삼민주의를 내세우며 새로운 중국을 세우는 혁명에 힘을 쏟았어요. 그 결과, 청 왕조를 몰아내고 <u>중국 최초의 공화국인 중화민국을 세워 임시 대총통이 되었어요</u>. 그는 수많은 좌절을 겪으면서도 평생 혁명을 위해 힘썼기에 '중국 혁명의 아버지'라고 불린답니다.

국민이 주인인 나라를 세우다

청은 외국 세력의 침략으로 위태로웠어요. 중국인들은 외세를 물리치고 나라를 강하게 만들기 위해 여러 개혁 운동을 펼쳤지만 실패했지요. 의사였던 쑨원은 무너져가는 나라를 바로 세우고자 혁명 운동에 뛰어들었어요. 그는 혁명 단체들을 하나로 모아 동맹회를 결성했어요. 동맹회는 쑨원의 삼민주의를 바탕으로, 청을 무너뜨리기 위한 무장봉기를 여러 차례 시도했어요.

1911년 우창에서 일어난 무장봉기의 불길이 전국으로 거세게 번졌어요. 중국 절반 이상의 성이 청으로부터 독립했지요. 혁명 세력은 난징에서 쑨원을 임시 대총통으로 하는 중화민국을 세웠어요. 중국 최초의 공화국이 탄생한 것이지요. 중화민국은 황제가 다스리는 나라가 아닌, '국민이 주인인 나라'를 말해요. 그리고 중화민국을 세운 이 혁명을 '신해혁명'이라고 해요. 혁명을 진압하려고 애쓰던 청나라는 결국 마지막 황제가 물러나면서 역사 속으로 사라졌어요.

세계사 인물 지식 충전

● 청 왕조

중국의 마지막 왕조인 청 왕조는 1616년에 들어선 뒤 1912년에 쑨원이 이끄는 신해혁명으로 막을 내렸어요. 19세기 말부터 프랑스, 러시아, 영국 등에서 청나라를 침략하는 일이 많아졌고, 청 왕조 말기부터 중국에서는 혁명 운동이 일어나기 시작했어요.

청 왕조의 궁궐 '자금성'(중국 베이징)

● 쑨원과 위안스카이

쑨원의 삼민주의

- **민족주의**: 만주족이 세운 청을 무너뜨리고 한족의 나라를 다시 세우자.
- **민권주의**: 황제가 아닌 국민이 주권을 가진 나라를 세우자.
- **민생주의**: 토지 제도를 개혁해 국민의 생활을 안정시키자.

1911년, 쑨원의 삼민주의를 내세운 중화민국이 막 수립되었을 때 베이징에는 여전히 청 정부가 있었어요. 청 정부는 위안스카이(정치가, 1859년~1916년)에게 혁명을 진압하도록 모든 권한을 주었지요. 쑨원은 위안스카이의 군대를 이길 수는 없다고 생각했어요. 결국 그에게 청을 무너뜨리고 공화정을 받아들인다면 자신의 대총통 자리를 넘겨 주겠다고 제안했고, 위안스카이는 그 제안을 받아들였어요.

1912년, 위안스카이는 청 황제를 퇴위시키고 쑨원이 맡았던 임시 대총통 자리에 올랐어요. 하지만 대총통이 되자 공화정을 하겠다는 약속과 달리 혁명 세력을 탄압했어요. 심지어 황제가 되려고 했으나 전국적인 반대 운동과 강대국의 압박으로 실패했지요.

윈스턴 처칠

≡ 세계 대전에서 영국을 구하다 ≡

1874년~1965년

처칠은 영국의 총리예요. 유명한 귀족 가문에서 태어난 그는 육군 사관 학교 졸업 후 전쟁터에 가서 전투 상황을 알리는 기자로 활동했는데, 전쟁 포로로 잡혔다가 탈출한 일로 이름이 알려졌어요. 정치에 나선 그는 국회의원을 거쳐 여러 장관을 지냈어요. 제2차 세계 대전 때 총리가 되어 연설을 통해 영국 국민에게 용기를 심어 주었고 제2차 세계 대전을 연합국의 승리로 이끌었어요. 이때의 경험을 쓴 《제2차 세계 대전 회고록》으로 노벨문학상을 받았어요.

영국을 구하고 독일을 막아 내다

처칠은 히틀러가 이끄는 독일이 영국을 위협한다고 생각했어요. 독일이 전쟁을 일으킬 때를 대비해야 한다고 주장했지요. 하지만 영국의 다른 정치인들은 그의 주장을 듣지 않았어요. 1939년 독일이 폴란드를 침공하면서 결국 제2차 세계 대전이 일어났고, 처칠의 우려는 현실이 되었어요. 독일군은 막강한 전차와 폭격기로 거침없이 밀어붙여 유럽의 여러 나라를 점령했어요.

1940년, 총리로 임명된 처칠은 위태로운 영국을 지켜내야 했어요. 전쟁의 위기 속에서 처칠은 라디오 방송을 통해 힘차게 연설했어요. 그의 연설은 지치고 불안한 영국 국민에게 용기와 희망을 북돋워 주었어요. 그는 영국 국민뿐 아니라 미국에도 호소해 전쟁에 필요한 무기를 공급받았어요. 그렇게 처칠이 이끄는 영국은 독일의 계속된 공습에도 끈질기게 저항했고 위기를 이겨냈어요. 결국 미국, 영국, 소련 등의 연합국은 독일의 항복을 받아냈고, 제2차 세계 대전은 연합국의 승리로 끝났어요.

세계사 인물 지식 충전

● 세계 대전

제1차 세계 대전(1914년~1918년)

독일, 오스트리아, 이탈리아의 3국 동맹과 이에 맞선 영국, 프랑스, 러시아의 3국 협상 사이에 벌어진 전쟁이에요. 유럽 열강들이 서로 더 많은 식민지를 차지하기 위해 일어난 전쟁이었지요. 이 전쟁으로 과학 기술의 발달과 함께 수류탄, 독가스, 전투기 등 신무기가 등장해 수많은 사람이 목숨을 잃었어요. 당시 해군장관이었던 처칠은 작전에 실패해 장관직에서 물러났어요.

3국 협상과 3국 동맹

1918년, 영국 무기 생산 공장

제2차 세계 대전(1939년~1945년)

독일, 이탈리아, 일본 등의 군국주의 나라와 미국, 영국, 프랑스, 소련 등의 연합국 사이에 일어난 전쟁이에요. 제2차 세계 대전을 승리로 이끈 연합국의 대표들로 영국의 처칠, 미국의 루스벨트, 소련의 스탈린이 있어요. 당시 일본이 세계 대전에서 패하면서 우리나라는 일제 강점기에서 벗어나 광복을 맞이할 수 있었지요.

● '브이' 하는 처칠

전쟁이 한창이던 때, 처칠은 국민들에게 우리가 승리할 것이라는 메시지를 보냈어요. 승리(Victory)를 뜻하는 'V' 모양을 손으로 만들어 보였지요. 이 승리의 브이는 처칠이 처음으로 선보인 동작이에요. 처칠은 위기 속에서도 유머와 여유를 지닌 모습으로 승리의 확신을 심어 주어 영국 국민에게 용기를 불어 넣었어요.

1943년, 브이 하는 처칠

베트남 민족 운동의 지도자
호찌민

1890년~1969년

"베트남을 갖고 싶어!" — 프랑스

"안 돼!"

호찌민은 베트남의 정치가이자 독립운동가예요. 프랑스의 지배를 받고 있던 베트남에서 태어난 그는 청년 시절 프랑스 선박의 요리사로 여러 나라를 여행했고, 미국과 영국, 프랑스 등을 떠돌며 다양한 직업을 거쳤어요. <u>프랑스의 식민지에서 벗어나기 위한 민족 운동을 이끌었고, 제2차 세계 대전 후에는 베트남 민주 공화국을 세워 독립을 선언했지요.</u> 그리고 베트남을 다시 지배하려는 프랑스와 싸워 8년의 전쟁 끝에 프랑스군을 물리쳤어요.

파리 평화 회의에서 베트남 독립을 청원하다

호찌민은 프랑스에서 정원사, 청소부, 식당 노동자 등으로 일하며 정치 운동을 시작했어요. 제1차 세계 대전 후 파리에서 미국, 영국, 프랑스가 주도하는 평화 회의가 열렸어요. 이곳에 호찌민은 베트남의 독립을 요구하는 청원서를 들고 찾아갔어요. 하지만 회의장에 모인 강대국들은 호찌민의 청원을 무시했지요. 호찌민은 포기하지 않고 민족 해방을 위한 혁명 운동에 몸담았어요. 그는 탄압을 피해 몸을 숨겨야 했고, 체포되어 감옥에 갇히기도 했어요.

베트남을 위해 끝까지 싸운 호 아저씨

제2차 세계 대전이 끝나고 호찌민은 베트남 민주 공화국의 주석이 되어 독립을 선포했어요. 하지만 프랑스가 계속해서 베트남을 지배하려 하자 전쟁이 벌어졌고, 8년 뒤 마침내 베트남은 프랑스 군대를 물리쳐 독립을 이루었어요. 호찌민은 수많은 어려움 속에서도 베트남의 독립을 위해 끝까지 싸웠어요. 또, 온화한 성품으로 평생 소박하고 검소한 삶을 살았지요. 베트남 국민에게 호찌민은 깊은 존경과 사랑을 받으며 '호 아저씨'로 불렸어요.

세계사 인물 지식 충전

● 디엔비엔푸 전투

베트남과 프랑스 사이의 전쟁은 1954년에 프랑스군이 점령하던 베트남 북부 디엔비엔푸 기지를 베트남군이 포위해 무너뜨리면서 끝났어요. 프랑스는 디엔비엔푸 전투의 패배로 베트남에서 물러났으며, 베트남은 제네바 협정으로 독립을 승인받았어요.

디엔비엔푸에서 베트남군의 승리의 깃발

● 베트남 전쟁

제네바 협정에 따라 베트남은 독립했으나 남북으로 분단되어 북쪽에는 호찌민의 정권이, 남쪽에는 미국과 친한 정권이 들어섰어요. 통킹만에서 미군과 북베트남의 해상 전투가 벌어지면서 미군은 본격적으로 북베트남에 공격을 퍼부었어요. 한국도 미국의 지원 요청을 받아 군인들을 보냈어요. 하지만 미국의 베트남 공격은 미국 여론과 국제 여론까지 반대하는 분위기였지요. 오랜 전쟁 끝에 미군은 철수했고, 베트남은 1975년에 마침내 통일을 이루었어요.

베트남 전쟁 전개

미국의 베트남 전쟁 반대 시위

남아프리카 공화국 첫 흑인 대통령
넬슨 만델라

1918년 ~ 2013년

우리는 자유로울 권리가 있습니다!

넬슨 만델라는 변호사로 활동하면서 <mark>아파르트헤이트(인종 차별 정책)에 반대하는 운동을 벌였어요.</mark> 백인 정권의 흑인 탄압이 심해지자 평화 시위에서 무장 투쟁으로 방향을 바꾸어 활동하던 중 체포되었어요. 오랜 기간을 감옥에 있으면서도 자유와 희망을 포기하지 않는 모습을 보여 <mark>흑인 인권 운동의 상징이 되었지요.</mark> 마침내 감옥에서 나온 그는 인종 차별 정책의 폐지를 이끌어 노벨평화상을 받았고, 남아프리카 공화국 최초의 흑인 대통령이 되었답니다.

감옥에서도 자유의 희망을 키우다

남아프리카 공화국에서 백인들은 흑인들을 심하게 차별했어요. 백인 정부가 만든 인종 차별 정책에 반대해 흑인들은 곳곳에서 시위를 벌였는데, 폭력 없이 평화적으로 시위하던 흑인들에게 백인 경찰이 총을 쏘아 많은 사람이 죽고 다쳤어요. 만델라는 평화 시위만으로는 안 된다고 생각해 군사 조직을 만들어 무장 투쟁을 준비하던 중 체포되고 말았어요. 그리고 종신형을 선고받아 로벤섬에 있는 감옥에 갇혔지요. 거친 바다에 둘러싸인 로벤섬은 살아서 나가기 어렵다는 악명 높은 감옥 섬이었어요.

 감옥에서 면회는 6개월마다 딱 한 번 허용되었고, 채석장에서 온종일 석회암을 캐는 고된 노동을 해야 했어요. 하지만 만델라는 언젠가 다시 자유의 몸이 되리라는 믿음을 굳게 지켰어요. 간수들의 괴롭힘과 부당한 대우가 있을 때는 굽히지 않고 맞섰지요. 또, 감옥 생활 중에도 나무를 심고 채소를 기르며 희망을 키웠어요. 감옥 바깥에서 점차 만델라의 이름은 흑인 인권 운동의 대명사가 되어 갔어요. 마침내 1990년에 27년간의 감옥 생활을 벗어나, 만델라는 자유를 되찾았어요. 그리고 오랜 인종 차별 정책은 폐지되었어요.

세계사 인물 지식 충전

● 아파르트헤이트

아파르트헤이트는 '분리', '격리'를 뜻하며, 남아프리카 공화국의 극단적인 인종 차별 정책을 말해요. 흑인 거주 구역을 도시 외곽에 따로 정해 강제로 이주하게 했고, 인종에 따라 이용할 수 있는 공공시설과 학교 등을 분리했어요. 그리고 백인만 출입하거나 이용할 수 있다는 표지판이 곳곳에 내걸렸어요. 1994년 남아프리카 공화국 최초의 흑인 참여 자유 총선거에서 만델라가 대통령에 당선되면서 아파르트헤이트는 완전히 폐지되었어요.

'백인만 이용할 수 있다'라고 쓰인 아파르트헤이트 표지판

● 로벤섬, 죄수 번호 46664

로벤섬은 남아프리카 공화국의 케이프타운 근처에 있는 섬이에요. 만델라는 로벤섬 감옥에서 18년 동안 징역을 살았어요. 1964년에 갇힌 466번째 죄수라는 뜻으로, 46664라는 죄수 번호가 붙었지요. 만델라가 갇혔던 감옥은 현재 흑인 해방 운동의 상징으로써 기념관으로 개방되어 있어요. 그리고 로벤섬은 인종차별과 민주주의의 역사를 상징하는 의미가 담겨 있어, 1999년 유네스코 세계문화유산에 등재되었어요.

로벤섬 기념관

1928년~1967년

국경을 뛰어넘는 혁명가
체 게바라

> 처참한 현실을 바꾸려면 혁명뿐이다!

체 게바라는 아르헨티나의 중산층 가정에서 태어나 대학에서 의학을 공부했고, 라틴 아메리카를 여행하면서 사회 현실에 눈뜨게 되었어요. 그는 의사가 된 후에 멕시코에서 생활하던 중 카스트로를 만나 제국주의에 맞서 함께 쿠바 혁명군을 이끌었어요. 쿠바 혁명에 성공한 뒤 카스트로 정부에서 장관으로 일했으나, 곧 다른 나라의 혁명을 돕기 위해 다시 떠났어요. 그리고 볼리비아에서 게릴라 부대를 조직해 활동하다가 볼리비아 정부군에게 체포되어 죽음을 맞았어요.

혁명군의 지도자가 된 여행가

대학 시절 체 게바라는 친구와 함께 여행을 떠났어요. 모터사이클을 타고 라틴 아메리카 곳곳을 두루 여행했는데, 가난과 착취로 고통받는 사람들의 삶을 목격하고 충격을 받았어요. 그는 부당한 사회 현실에 눈떴고 혁명의 불씨를 가슴속에 심었어요. 어느 날 쿠바의 독재 정권과 싸우던 카스트로를 만나게 된 체 게바라는 그와 뜻을 같이해 쿠바 혁명에 나섰어요. 처음에는 혁명군 쿠대의 군의관으로 참여했지만, 점차 전투에서 능력을 발휘하고 사람의 마음을 끄는 인품을 갖추며 혁명군의 지도자가 되어 갔어요.

영원한 혁명가로 기억되다

혁명 성공 후, 쿠바에는 카스트로를 총리로 하는 새로운 정부가 세워졌어요. 체 게바라는 혁명의 공을 인정받아 아르헨티나 사람임에도 쿠바 시민권을 얻었어요. 또, 새 정부의 장관으로 임명되어 쿠바의 개혁을 위해 일했지요. 그러나 그는 쿠바에 오래 머물지 않았어요. 권력을 누리기보다는 또 다른 혁명을 위해 훌연히 떠났어요. 마지막 순간까지 그는 자신의 신념에 따라 혁명을 위해 열정을 다했기에 사람들에게 영원한 혁명가로 기억되고 있어요.

세계사 인물 지식 충전

● 피델 카스트로

피델 카스트로(1926년~2016년)는 체 게바라와 함께 쿠바 혁명을 이끌고 쿠바의 정권을 잡았어요. 총리가 된 그는 쿠바를 사회주의 국가로 만들었으며, 오랫동안 스스로 최고 권력의 자리에 머물렀어요. 세계에서 가장 오래 집권한 지도자로 기네스북에 오르기도 했답니다.

1960년, 쿠바의 폭발 희생자들을 위한 추모 행진

● 혁명의 아이콘 체 게바라

쿠바에서 체 게바라는 혁명을 위해 싸운 국민 영웅이자 쿠바인의 영원한 친구로 존경과 사랑을 받고 있어요. 또, 쿠바뿐 아니라 전 세계에서 체 게바라는 권위와 모순에 맞선 저항의 얼굴로 떠올랐고, 그의 이미지는 혁명의 아이콘이 되어 인기를 끌었어요. 이러한 체 게바라의 일대기가 담긴 일기와 편지, 신문기사, 사진, 문서 등이 2013년에 유네스코 세계기록유산에 등재되었어요.

체 게바라 외벽(쿠바 아바나 혁명 광장)

체 게바라 모자이크 벽화(쿠바 마탄사스)

체 게바라 흉상(볼리비아 이게라, 체 게바라가 사망한 곳)

도전과 헌신으로 세상을 빛낸 사회 활동가

≡ 유럽에 동방 세계를 전파하다 ≡
마르코 폴로

1254년~1324년

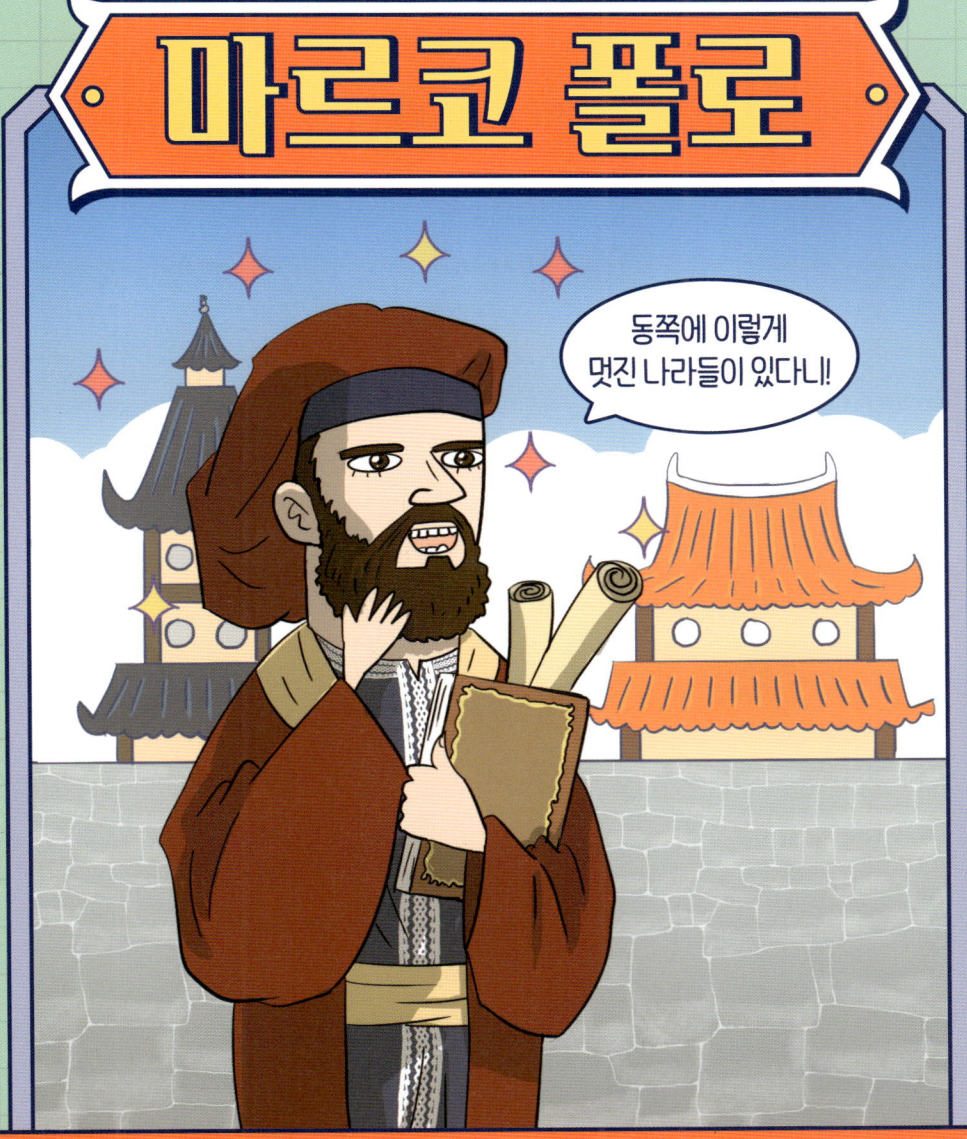

동쪽에 이렇게 멋진 나라들이 있다니!

마르코 폴로는 이탈리아 베네치아의 상인이자, 유럽 사람들에게 동방에 대한 호기심을 불러일으킨 《동방견문록》을 남긴 여행가예요. 아버지와 삼촌을 따라 동방 여행을 떠난 마르코 폴로는 비단길로 아시아 내륙을 가로질러 중국 원나라 황제를 만났어요. 황제의 신임을 받아 17년 동안 원나라에 머물며 여러 지역을 여행했지요. 고향으로 돌아온 그는 24년간의 여행담을 기록한 《동방견문록》을 남겨, 유럽의 대항해 시대가 열리는 계기를 마련했어요.

칸의 보호를 받으며 동방을 여행하다

마르코 폴로는 베네치아 상인의 아들로 태어났어요. 그의 아버지와 삼촌은 동방 여행에서 몽골 제국의 황제 쿠빌라이 칸을 만났고, 로마 교황에게 쿠빌라이가 보내는 편지를 가지고 돌아왔어요. 교황의 답장을 전하러 다시 동방으로 떠날 때, 17세의 마르코 폴로도 아버지와 삼촌을 따라 긴 여행길에 나섰어요. 그들은 사막과 폭풍우, 들짐승과 도적 무리, 감염병 등을 겪으며 4년이 걸려 마침내 쿠빌라이 칸을 만났어요. 쿠빌라이가 나라 이름을 '원'으로 고친 후였어요.

마르코 폴로는 쿠빌라이 칸의 신임을 얻어 몽골 곳곳을 여행한 뒤, 여행한 지역의 모습을 황제에게 보고했어요. 그는 황제에게 관직을 받기도 했고, 황제가 특별히 보내는 신하로 외국에 다녀오기도 했어요. 그렇게 17년을 보낸 그는 원나라 공주의 결혼을 위해 길을 안내하는 임무를 마친 뒤에야 고향으로 돌아갔어요. 총 24년 동안의 여정을 마치고 중국, 인도, 아프리카 등을 여행하며 보고 들은 것을 《동방견문록》에 남겼어요.

세계사 인물 지식충전

● 마르코 폴로의 여행

마르코 폴로는 육로와 해로를 따라 먼 길을 여행했어요. 그는 몽골 제국의 잘 정비된 도로와 역참 덕분에 드넓은 제국의 땅을 원활히 여행할 수 있었지요. 역참은 통행증을 가진 관리나 여행자에게 말과 숙식을 제공하던 곳으로, 몽골 제국 곳곳에 설치되었어요.

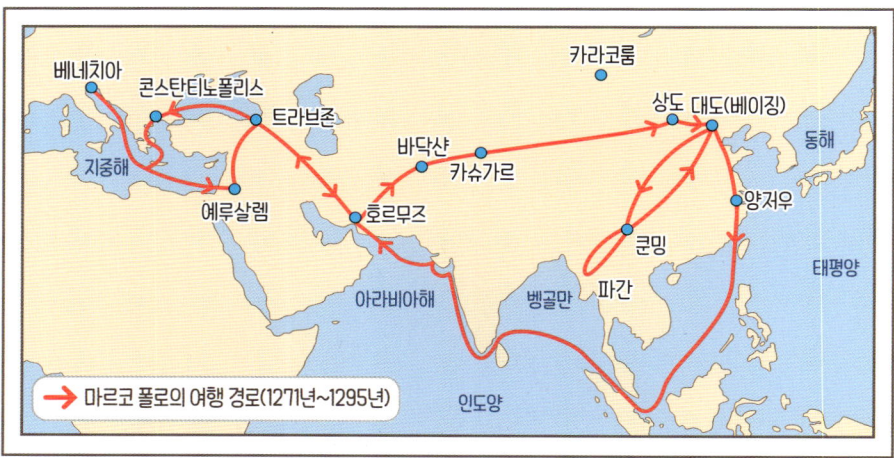

→ 마르코 폴로의 여행 경로(1271년~1295년)

● 《동방견문록》

마르코 폴로가 고향에 돌아왔을 때 베네치아는 전쟁 중이었어요. 마르코 폴로는 전쟁에 나갔다가 포로로 잡혀 감옥에 갇혔어요. 이때 루스티첼로라는 작가를 만났지요. 루스티첼로는 마르코 폴로의 여행담을 받아 적어 《동방견문록》을 썼어요. 《동방견문록》에서 동양은 신기한 물건이 가득해 천국 같은 곳이었어요. 또 황금과 귀한 향신료가 많이 나는 곳 등을 소개해, 유럽인들의 동양에 대한 관심이 커졌어요. 콜럼버스를 비롯한 여러 탐험가도 마르코 폴로의 《동방견문록》을 통해 신항로 개척의 꿈을 키웠답니다.

《동방견문록》(칸의 군대가 전투하는 장면)

콜럼버스

≡ 아메리카 대륙을 발견하다 ≡

1451년 ~ 1506년

황금과 향신료를 찾으러 떠나자!

콜럼버스는 이탈리아의 탐험가예요. 그는 마르코 폴로의 《동방견문록》을 읽으며 향신료와 황금이 가득한 인도로 가는 새로운 뱃길을 찾겠다는 꿈을 품었지요. 그리고 스페인 여왕의 후원을 받아 리스본에서 출발하여 서쪽으로 대서양을 횡단해 유럽 최초로 아메리카 대륙을 발견했어요. 당시 그는 인도에 도착했다고 생각했어요. 비록 그가 생각한 땅은 아니었으나, 콜럼버스의 탐험으로 유럽인들이 모르던 새로운 세계가 알려졌어요.

서쪽으로 항해해 신대륙에 도착하다

콜럼버스는 황금과 향신료를 찾아 동방의 나라에 가고자 했어요. 그곳의 나라들과 직접 무역하는 길을 찾아내고 싶었지요. 그는 서쪽으로 바다를 가로지르는 것이 동방으로 가는 빠른 길이라고 생각했어요. 그의 포부는 스페인의 이사벨 여왕의 지원으로 가능했어요. 스페인에서도 새로운 뱃길을 열어 동방 무역을 한다면 큰 이익을 얻을 것이라고 기대했지요.

1492년 콜럼버스는 산타 마리아호를 비롯한 배 세 척으로 대서양 항해를 시작했어요. 항해는 콜럼버스의 예상보다 훨씬 더 길어졌고, 지치고 불안해진 선원들은 배를 다시 돌리자고 했어요. 하지만 콜럼버스는 곧 육지가 나타날 거라며 항해를 계속한 끝에 새로운 땅에 발을 내디뎠어요. 콜럼버스는 그곳을 '산살바도르'라고 불렀고, 인도로 착각해 원주민을 '인디언'이라고 불렀지요. 그가 죽을 때까지 인도로 알았던 그곳은 아메리카 대륙이었어요.

세계사 인물 지식 충전

● 신항로 개척 시대

절대 왕정 시기에 유럽인들은 향신료와 금을 찾아 동방의 나라들로 뻗어 나갔어요. 각 나라에서 새로운 항로를 개척하기 위해 탐험가들을 후원했지요. 콜럼버스가 발견한 곳은 인도의 서쪽이라는 뜻의 '서인도 제도'로 불리게 되었어요. 남아메리카와 북아메리카 대륙 사이에 있는 크고 작은 많은 섬들로 이루어진 곳이에요. 포르투갈의 탐험가 바스쿠 다 가마는 인도로 가는 새로운 항로를 개척했고, 마젤란 선단은 유럽 최초로 태평양을 횡단했어요.

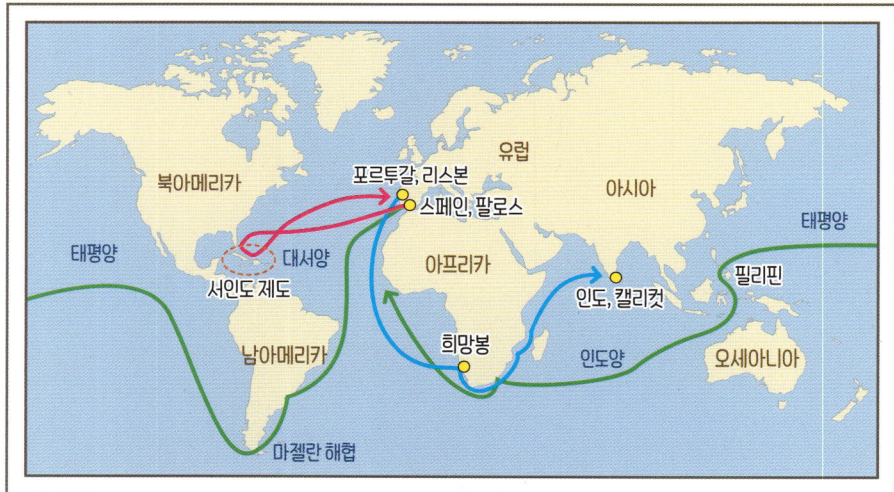

➡ 콜럼버스 서인도 제도 도착(1492년)
➡ 바스쿠 다 가마 인도 항로 개척(1498년)
➡ 마젤란 선단 세계 일주(1519년~1522년)

● 아메리고 베스푸치

이탈리아 출신의 아메리고 베스푸치(1454년~1512년)는 콜럼버스의 항해 이후 아메리카 대륙을 여러 차례 탐험했어요. 그는 처음으로 콜럼버스가 발견한 곳이 인도가 아니라 새로운 대륙이라고 인지하기 시작했고, 책으로 펴내 널리 알렸지요. 그 후 그의 이름을 따서 새로운 대륙을 '아메리카'로 부르게 되었답니다.

아메리고 베스푸치 동상(피렌체)

마젤란

≡ 최초의 세계 일주 항해를 이끌다 ≡

1480년 ~ 1521년

"우리도 모험을 떠나 보자고!"

마젤란은 세계 일주 항해 선단을 지휘했던 포르투갈의 탐험가예요. 그는 스페인의 지원을 받아 항해를 떠났어요. 향신료를 찾아 말루쿠 제도로 가는 새로운 뱃길을 탐험하는 항해였지요. 마젤란 선단은 <mark>남아메리카를 돌아 태평양에 처음 이르렀고, 그 과정에서 마젤란 해협을 발견했어요.</mark> 태평양을 횡단한 마젤란은 필리핀에서 목숨을 잃었어요. 그 후 남은 선원들은 항해를 계속해 마침내 스페인으로 돌아와 최초의 세계 일주를 마쳤어요.

마젤란 해협을 거쳐 태평양을 가로지르다

1519년 마젤란은 다섯 척의 배를 이끌고 대서양으로 출발했어요. 남아메리카를 돌아 서쪽으로 가면 곧 향신료가 많이 나는 말루쿠 제도에 도착하리라 기대했지요. 마젤란 선단은 서쪽으로 건너갈 뱃길을 찾느라 남아메리카에서 오랜 시간을 보냈고, 그러는 사이 마젤란에게 불만을 품은 스페인 출신의 선원들이 반란을 일으키기도 했어요.

우여곡절 끝에 마젤란은 드디어 서쪽으로 통하는 물길을 발견했어요. 훗날 '마젤란 해협'으로 불리게 된 곳이지요. 마젤란 해협은 폭이 좁고 험해서 통과하기가 무척 어려웠어요. 다섯 척 중 세 척의 배만이 해협을 가까스로 빠져나왔지요. 이후 마젤란이 마주한 낯선 바다는 이전의 험난한 바다와 달리 고요하고 잔잔했어요. 그는 넓고 고요한 이 바다를 '태평양'이라고 불렀어요.

마젤란 선단은 태평양을 건너 동남아시아에 이르렀고, 마젤란은 필리핀에서 부족 간의 싸움에 끼어들어 목숨을 잃고 말았어요. 남은 선원들은 항해를 계속해, 말루쿠 제도에서 향신료를 가득 싣고 1522년 스페인으로 돌아왔어요.

세계사 인물 지식 충전

● 말루쿠 제도의 향신료

말루쿠 제도는 인도네시아에 있는 섬들이에요. 향신료가 풍부하게 나서 향신료 섬으로 불렸지요. 정향, 후추, 계피, 육두구 등의 향신료는 고기의 누린내를 없애주고 맛을 좋게 하며 부패를 막아 주어 유럽인들에게 인기가 많았어요. 가격 또한 비쌌지요. 그래서 유럽인들은 향신료 무역을 위해 앞다투어 이곳으로 몰려들었어요.

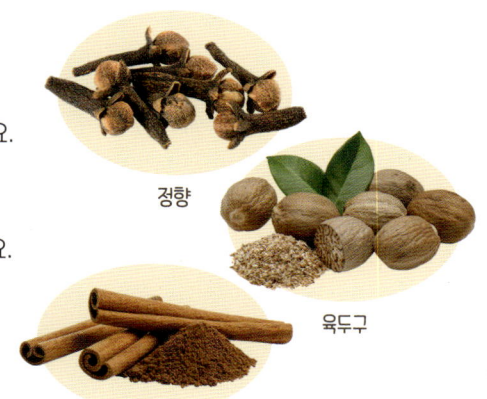

정향

육두구

계피

● 마젤란 선단

마젤란 선단의 3년에 걸친 항해는 인류 최초의 세계 일주였어요. 이들이 유럽 최초로 태평양을 횡단하면서 지구가 둥글다는 사실이 증명되었고, 태평양이라는 가장 넓은 바다가 있다는 것이 알려졌어요. 하지만 길고 험난한 이 항해에서 살아남아 돌아온 선원은 18명뿐이었어요.

포르투갈 리스본의 '발견 기념비'
(마젤란 등, 신항로 개척 시대를 열었던 탐험가들의 동상)

지구가 둥글다는 게 진짜였어!

● 신항로 개척과 원주민의 생활

새로운 항로를 개척한 뒤 유럽의 나라들은 새롭게 식민지를 건설하기 시작했어요. 그들의 침략으로 그 이전부터 있었던 아메리카의 문명은 파괴되었고 원주민들도 큰 시련을 겪어야 했으며, 아프리카인들이 식민지에 노예로 끌려가는 등의 문제가 생겼어요.

벤저민 프랭클린

≡ 다재다능으로 세상에 이바지하다 ≡

1706년~1790년

시간은 금이다!

벤저민 프랭클린은 식민지 시대에 미국 보스턴에서 태어났어요. 그는 과학, 발명, 정치, 사업, 교육, 문화, 저술 등 여러 방면에서 두드러지게 활약했어요. 과학자로서는 번개가 전기라는 사실을 증명했고 피뢰침을 발명했어요. 성공한 사업가로서는 도서관과 대학 등을 설립했으며, 정치가로서는 미국 독립 선언서 작성과 연방 헌법 제정에도 참여했지요. 미국 역사상 가장 지혜롭고 다재다능한 인물로 손꼽히며, 유명한 저서인 《자서전》을 남겼어요.

연으로 번개가 전기임을 증명하다

프랭클린은 아무도 하지 않았던 위험한 실험에 도전했어요. 비구름이 하늘을 덮은 어느 날 그는 직접 만든 연을 하늘로 띄웠는데, 연 꼭대기에는 철사를 달고 철사와 이어진 연줄 아래에는 금속 열쇠를 매달았어요. 빗속에서 연을 날리며 번개를 기다리던 프랭클린은 이윽고 손가락을 열쇠에 살짝 갖다 댔어요. 그러자 퍽 하고 불꽃이 튀며 찌릿한 아픔이 느껴졌어요. 번개의 전기가 연줄을 타고 금속 열쇠까지 흐른 것이었지요. 이로써 번개가 전기 현상이라는 사실을 증명한 프랭클린은 실험 결과를 바탕으로 피뢰침을 발명했어요.

미국 독립을 위한 외교 활동

프랭클린은 1776년 미국 독립 선언서 작성에 참여한 뒤 프랑스로 갔어요. 당시 영국과 전쟁 중이던 독립군은 모든 것이 열악한 상황이었기 때문에, 프랭클린은 유럽 나라들의 도움을 받기 위해 외교 활동을 벌였지요. 과학 연구와 발명으로 이미 유명했던 그는 수많은 사람을 만나 설득했고, 결국 프랑스와 동맹 조약을 맺었어요. 프랑스의 군사와 재정 지원을 받게 된 독립군은 요크타운 전투에서 영국군을 크게 이겼고, 마침내 독립 전쟁에서 승리했답니다.

세계사 인물 지식 충전

● 프랭클린의 발명품

실용성을 중요하게 여긴 프랭클린은 실생활에 도움이 되는 다양한 발명품을 만들었어요. 그는 많은 발명을 했음에도 특허를 내지 않았어요. 특허를 얻어 개인적인 이득을 얻기보다는 많은 사람에게 도움이 될 수 있다는 것을 더 기쁘게 생각했어요.

프랭클린 난로

금속 상자 형태로 만들어 벽에서 떨어뜨려 배치할 수 있는 난로예요. 이전에 사용했던 벽난로보다 두 배 더 따뜻하면서 땔감도 적게 들고 화재 위험도 줄여 주었어요.

피뢰침(번개의 전류를 끌어들여요.)
피뢰 도선(번개의 전류를 땅속으로 흘려 보내요.)

피뢰침

건물의 가장 높은 곳에 세우는 뾰족한 금속 막대기예요. 번개가 피뢰침에 떨어지면 전선을 통해 전류를 안전하게 땅속으로 흐르게 해 벼락의 피해를 막을 수 있어요.

● 미국 독립 활동

미국 독립 전쟁 당시 프랭클린은 독립 선언서를 만들었어요. 미국의 독립 선언서는 프랑스의 인권 선언문에도 큰 영향을 미쳤지요. 전쟁에서 승리한 뒤 프랭클린은 미국 독립을 승인하는 파리 조약에서 미국 대표로 조약에 서명했어요. 외교 활동을 마치고 미국에 돌아온 그는 열렬한 환영을 받았으며, 새로운 연방 헌법을 만드는 회의에도 참석했어요. 이처럼 미국의 독립과 건국에 깊은 발자취를 남긴 프랭클린은 미국 100달러 지폐의 주인공이기도 해요.

미국 독립 선언서 내용 중   미국 100달러 지폐의 프랭클린 초상

페스탈로치

≡ 어린이를 아낌없이 사랑한 교육자 ≡

1746년 ~ 1827년

이 작은 씨앗이 자라서 커다란 나무가 되는 거야.

페스탈로치는 스위스의 교육자예요. 대학 때 사회 운동 단체에서 활동했고, 가난한 아이들을 위한 농민학교를 세웠어요. 전쟁고아를 보살폈으며, 새 학교를 설립해 어린이를 위한 새로운 교육 방법을 실천했어요. 그가 세운 학교에서는 교과서를 사용하지 않았고, 체험하며 배우는 교육을 했어요. 또 어린이의 인격과 자발성을 중요하게 여겼지요. 이와 같은 페스탈로치의 교육 방식은 유럽의 아동 교육에 큰 영향을 미쳤어요.

아동 교육에 평생을 바치다

페스탈로치는 어려서부터 부모님의 영향을 받아 가난한 이와 어린이를 보살피는 삶을 살았어요. 그는 농촌에 학교를 세워 아이들이 혼자서도 살아갈 수 있도록 학업과 농사일을 가르쳤어요. 하지만 주위 사람들은 고아들을 데리고 부려먹는다며 그의 뜻을 알아주지 않았지요. 결국 학교 문을 닫아야 했지만, 페스탈로치는 교육에 대한 자기의 생각을 책으로 쓰고 또다른 학교를 세우며 뜻을 이어 갔어요.

페스탈로치는 스위스의 이베르돈에 학교를 세워 새로운 교육을 펼쳤어요. 아이들을 억압하고 체벌하던 낡은 교육에서 벗어나 어린이의 인격을 존중했으며, 아이들 스스로 공부하는 힘을 믿었어요. 그의 학교는 점차 유럽에서 교육의 중심지가 되었고, 많은 교육자가 찾아와 그의 교육 방법을 배웠지요. 평생 교육자로서 헌신한 페스탈로치는 유럽 아동 교육에 깊은 영향을 미쳤어요.

세계사 인물 지식 충전

● 루소의 자연주의

프랑스 사상가인 장 자크 루소(1712년~1778년)는 《에밀》(1762년)이라는 책을 써서 교육에 대한 자기의 생각을 펼쳤어요. 그는 자연주의 교육을 주장했어요. 본래 타고난 성품을 자연 그대로 키우자는 것이었지요. 페스탈로치는 루소에게서 많은 영향을 받았어요.

교육은 아이들에게 번잡한 것들을 주입하는 것이 아니라, 아이가 천부적으로 가지고 태어난 자연적인 천성을 그대로 끌어내서 크게 길러주는 것이다.

- 《에밀》 중에서

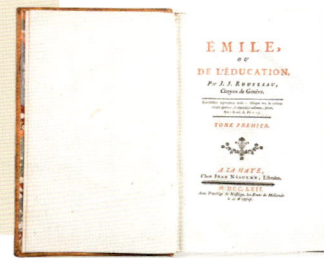

● 페스탈로치 교육의 영향

페스탈로치의 교육법은 많은 교육자에게 영향을 미쳤고, 오늘날 유아 교육과 초등 교육의 기초가 되었어요. 독일의 교육자인 프뢰벨은 페스탈로치의 사상을 이어받아 어린이 교육을 새롭게 하는 데 힘썼으며, 세계 최초로 유치원을 만들었어요. 이탈리아의 교육자인 마리아 몬테소리 역시 그의 영향을 받아 어린이의 자유와 권리를 존중하는 교육법을 만들었어요.

"모든 것을 남을 위해서 했을 뿐, 자기를 위해서는 아무것도 하지 않았다."

고아들을 돌보는 페스탈로치(1879년, 콘라드 그롭 그림)

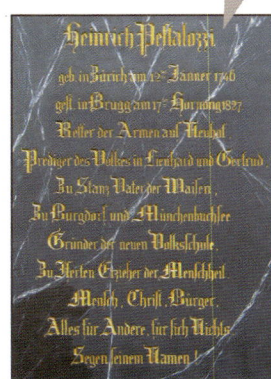

페스탈로치 묘비문

영국의 부유한 집안에서 태어난 나이팅게일은 간호사를 천하게 여기던 당시 사회의 편견과 부모의 반대를 무릅쓰고 간호사가 되었어요. 전쟁터로 가서 <u>야전 병원을 완전히 바꾸어 많은 사람을 살렸고, 의료 체계를 개혁했어요.</u> 당시 등불을 들고 밤낮으로 환자를 돌봐, '등불을 든 여인'으로 불렸지요. 또한 간호 학교를 설립하고 간호법을 개선하기 위해 힘썼어요. 그녀는 헌신적인 간호사이자 의료 제도를 개선한 행정가였으며, 통계학에도 뛰어난 능력을 발휘했답니다.

전쟁터에서 의료 체계를 새롭게 하다

크림 전쟁 때 나이팅게일은 부상병 간호를 위해 전쟁터로 갔어요. 야전 병원은 시설과 물품, 의약품 등이 턱없이 부족했고, 환자들은 쥐와 해충, 오물로 더럽혀진 곳에 방치되어 있었지요. 나이팅게일은 우선 병원 위생에 온 힘을 기울였어요. 부상보다 감염병으로 죽는 병사들이 훨씬 많았기 때문에 무엇보다 위생이 중요했지요. 그녀가 위생과 의료품 조달에 힘쓰며 야전 병원의 체계를 세우자, 몇 달 뒤 야전 병원의 사망률이 뚝 떨어졌어요. 나이팅게일은 이 경험을 바탕으로 의료 체계를 바꾸는 노력을 계속해 나갔어요.

세계 최초의 간호 학교를 설립하다

나이팅게일은 의료 개혁과 함께 간호사를 양성하는 전문 교육 기관을 만들고자 했어요. 영국 국민의 자발적인 모금으로 이루어진 '나이팅게일 기금'으로 1860년 런던에 세계 최초의 전문 간호 학교를 설립했어요. 이후 나이팅게일 간호 학교 출신의 간호사들은 세계 여러 지역에서 훌륭한 간호 지도자로 활약했답니다. 또, 나이팅게일이 펴낸 《간호론》은 간호학의 기초가 되었어요.

세계사 인물 지식 충전

● 크림 전쟁

크림 전쟁은 1853년부터 1856년까지 흑해로 진출하려는 러시아와 이에 맞선 오스만 제국, 영국, 프랑스 등의 연합군 사이에 벌어진 전쟁이에요. 전쟁은 러시아의 패배로 끝났으나 수많은 사상자가 발생했으며, 전염병으로 인해 많은 병사가 사망했어요.

크림 전쟁 때, 야전 병원에서 부상병을 맞이하는 나이팅게일
(1858년, 제리 배럿 그림)

● 나이팅게일 다이어그램

나이팅게일은 전쟁 중 부상으로 인한 사망보다 감염병으로 인한 사망이 훨씬 많다는 것을 알리기 위해 통계를 한눈에 알아볼 수 있도록 도표를 그려서 보여 주었어요. 이는 마치 장미 모양과 비슷해 '로즈 다이어그램'이라고 불러요. 월별 사망자 수를 부채꼴로 나타냈고, 사망 원인을 색깔로 구분했어요.

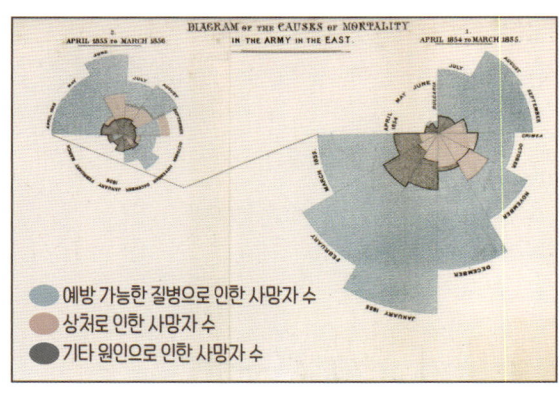

● 나이팅게일 선서

나이팅게일은 의료 체계 개혁뿐 아니라 간호사를 양성하고 간호학의 기초를 만들었어요. 이러한 나이팅게일의 정신을 기리기 위해 간호사의 원칙과 마음가짐을 담은 '나이팅게일 선서'가 있어요.

> 나는 일생을 의롭게 살며 전문 간호직에
> 최선을 다할 것을 선서합니다.
> 나는 인간의 생명에 해로운 일은
> 어떤 상황에서도 하지 않겠습니다.
> 나는 나의 간호를 받는 사람들의 안녕을 위해
> 헌신하겠습니다.

'나이팅게일 선서' 중에서

미국 철강 사업을 지배하다
앤드루 카네기

1835년 ~ 1919년

> 사람들은 나를 강철왕이라고 부르지.

카네기는 카네기 철강 회사를 설립한 미국의 기업가예요. 그는 영국에서 태어나 소년 시절에 미국으로 건너왔어요. 직물 공장 노동자, 전보 배달원, 전신 기사 등으로 일하다가 철도 회사에 들어갔어요. 철도 사업과 관련한 여러 회사와 석유 회사 등에 투자해 큰돈을 번 뒤, 철강 사업에 뛰어들었어요. <u>카네기 철강 회사를 설립했으며, 미국의 강철왕이라고 불렸어요.</u> 은퇴 후에는 교육과 문화를 위한 자선 사업을 왕성하게 펼쳤어요.

강철왕이 되다

카네기는 기회를 알아보고 자기 것으로 만들 줄 알았어요. 그는 주식 투자로 모은 큰돈으로 철강 사업을 시작했어요. 당시 미국은 철도 공사가 활발히 진행되었는데, 철강업은 이러한 발전의 기초가 되는 산업이었어요. 카네기는 특히 강철 만들기에 힘을 기울였으며, 제철의 원료인 철광석, 석탄, 운송 수단인 철도와 선박 등을 하나로 묶어 카네기 철강 회사를 세웠어요. 회사는 미국의 철강 산업을 지배했고, 카네기는 강철왕으로 불렸어요.

평생 모은 재산을 사회에 환원하다

카네기는 은퇴 후 자선 사업에 온 힘을 쏟았어요. 교육과 문화 사업에 몰두해 3천 개의 공공도서관을 지었고, 과학기술 발전을 위해 대학을 설립했으며, 박물관과 음악 공연장을 지었어요. 죽기 전까지 그는 평생 모은 재산 대부분을 사회에 환원했어요. 부자인 채로 죽는 것은 부끄러운 일이며 자손에게 막대한 부를 물려주는 것은 불행을 남겨 주는 것이라는 자신의 믿음을 그대로 실천했답니다.

세계사 인물 지식 충전

● 미국의 철도와 산업 발전

철도는 미국의 산업이 빠르게 발전하는 데 중요한 역할을 했어요. 미국은 남북 전쟁 이후 철도 공사가 활발히 진행되었어요. 미국의 동쪽과 서쪽을 가로지르는 대륙 횡단 철도와 전국으로 뻗어나간 철도망은 사람과 물자를 빠르게 운송했지요. 이때 철도의 레일을 깔기 위해 많은 양의 강철이 필요해서 철강 산업이 크게 발전했고, 강철왕 카네기도 탄생할 수 있었어요.

1869년, 미국 최초 대륙 횡단 철도 개통 기념 사진

골든 스파이크 국립 사적지 철도 레일
(미국 최초의 대륙 횡단 철도가 완성된 곳)

● 카네기 홀

카네기 홀은 미국 뉴욕에 있는 음악 공연장으로, 카네기 재단의 기금으로 세워졌어요.
카네기는 재단과 교육시설, 문화시설, 복지시설 등의 설립을 위해 3억5천만 달러(약 4천 억 원) 이상을 사회에 기부했어요.

카네기 홀 아이작 스턴 오디토리움

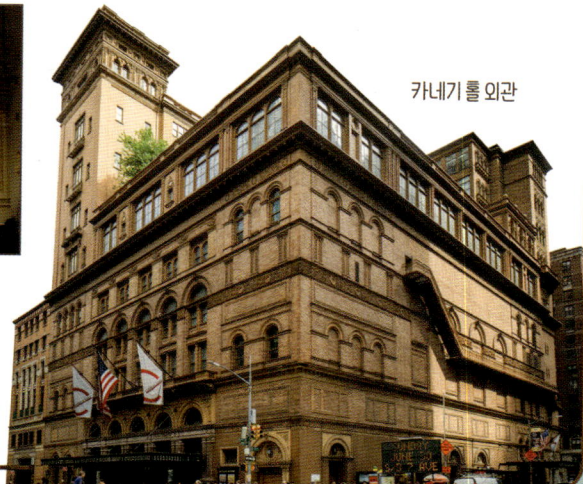

카네기 홀 외관

자동차의 왕
헨리 포드

1863년~1947년

한 집에 한 대씩 차를 팔겠어!

헨리 포드는 자동차 회사를 세워 자동차의 대중화에 앞장선 미국의 기업가예요. 농부의 아들로 태어난 그는 어려서부터 기계에 관심이 많았어요. 15세에 기계공이 되었고, 발명가 에디슨의 회사에서 능력을 인정받아 수석 기술자로 일하기도 했어요. 1903년 자동차 회사 '포드'를 설립했으며, 생산 방식을 분업화하고 표준화해서 대량 생산 시스템을 만들었어요. 이러한 노력으로 자동차를 대중화한 헨리 포드는 기업을 사회에 봉사하는 기관이라고 생각했어요.

대중을 위한 자동차를 내놓다

자동차 회사를 설립한 포드는 누구나 타고 다닐 수 있는 자동차를 만들겠다고 마음먹었어요. 그때까지만 해도 자동차는 부유한 사람들만 타고 다니는 사치품이었어요. 포드는 소수가 아닌 대중을 위해 값싸고 튼튼하며 잘 달리는 자동차를 만들기로 했지요. 사람들은 포드의 그런 결심에 고개를 내저었어요. 가뜩이나 고가인 자동차를 성능 좋게 만들면서 싸게 판다는 것은 말도 안 된다고 생각했어요.

포드는 오직 T형 자동차 한 가지만 만들어 생산 공정을 표준화했어요. 또, 조립 라인을 만들어 노동자들의 일을 철저히 분업화했어요. 노동자는 각자가 담당하는 똑같은 작업만 반복했지요. 자동차 조립 속도가 놀랄 만큼 빨라져 대량 생산이 가능해졌고, 자동차 가격은 훨씬 저렴해졌어요. 포드의 T형 자동차는 날개 돋친 듯이 팔렸어요. 포드 회사는 미국 최대의 자동차 회사가 되었고, 자동차의 대중화와 함께 포드의 대량 생산 방식이 세계로 퍼져 나갔어요.

세계사 인물 지식 충전

● 포드 T형 자동차

1908년부터 만들어진 포드 T형 자동차는 자동차의 대중화를 이끈 역사적인 자동차예요. 당시 자동차 평균 가격은 2000~3000달러 정도였는데 포드 T형 자동차의 가격은 800~900달러 정도였고, 1920년대에는 300달러 이하까지 떨어졌어요.

포드 T형 자동차

● 컨베이어 벨트와 대량 생산

포드는 최초로 공장에 컨베이어 벨트를 들여왔어요. 노동자들은 컨베이어 벨트를 따라 죽 늘어서서 각자 맡은 부품을 조립하는 똑같은 작업을 반복했어요. 이러한 조립 방식은 매우 효율적이었고, 상품을 대량으로 만들어낼 수 있게 되었어요.

포드는 노동자들에게 하루 8시간 노동에 임금 5달러를 지급했어요. 당시 자동차 회사들의 평균 임금에 비하면 두 배가 넘는 높은 임금이었지요. 따라서 많은 노동자가 포드 공장으로 몰려들었고, 더 많은 자동차를 만들어낼 수 있었어요.

1930년, 포드 자동차 조립 공장의 컨베이어 벨트

인도 독립의 아버지
간디

1869년 ~ 1948년

> 폭력 없이도 뜻을 전달할 수 있습니다.

간디는 인도의 민족 운동 지도자로, 위대한 영혼을 뜻하는 '마하트마'라고도 불려요. 상인 집안에서 태어난 그는 영국에서 공부해 변호사가 되었어요. 이후 남아프리카에서 그곳에 사는 인도인들에 대한 인종 차별 반대 투쟁을 이끌었어요. 또, 인도에서는 영국에 대한 비폭력 불복종 운동을 펼치며 인도의 독립을 위해 헌신했어요. 제2차 세계 대전 후 영국으로부터 독립한 인도가 분열되자 간디는 이를 화해시키기 위해 힘쓰던 중 암살되었어요.

비폭력 불복종 운동을 펼치다

인도는 영국의 지배를 받고 있었지만, 제1차 세계 대전이 일어났을 때는 오히려 영국을 도왔어요. 영국이 인도의 자치권을 보장해 주겠다고 약속했거든요. 하지만 영국은 약속을 어기고 도리어 인도인들을 억압했어요. 간디는 이에 맞서 비폭력 불복종 운동을 펼쳤어요. 이 운동은 폭력을 쓰지 않는 대신에 다양한 방식으로 영국의 법과 명령을 따르지 않는 운동이었어요. 영국 상품 불매, 영국계 학교 자퇴, 취업 거부, 세금 거부 등 비폭력적인 저항이었지요.

1930년 영국은 소금법을 만들어 인도에서 소금을 만들지 못하게 하고 영국에서 생산한 비싼 소금만 수입해 쓰도록 강요했어요. 그러자 간디는 이에 저항하는 비폭력 운동으로 '소금 행진'을 시작했어요. 직접 바닷물로 소금을 만들기 위해 해안까지 385km를 걸었으며, 수많은 사람이 그 뒤를 따랐지요. 이처럼 간디는 영국에 저항하는 민족 운동 지도자이자 인도인의 영혼을 밝힌 정신적 스승으로서 위대한 영혼을 뜻하는 '마하트마 간디'로 불렸어요.

세계사 인물 지식 충전

● 남아프리카에서 활동한 간디

처음 남아프리카에 갔을 때 간디는 일등석 열차표를 가지고 기차에 탔어요. 그런데 역무원이 일등석에 있던 간디를 단지 인도인이라는 이유로 짐칸으로 보내려 했고, 거부하는 그를 기어이 열차 밖으로 내쫓았어요. 이러한 인종차별을 겪은 간디는 남아프리카에서 인도인에 대한 차별을 없애기 위해 20년 동안 싸웠어요.

● 물레를 돌리는 간디

간디는 영국이 기계로 대량 생산하는 직물 제품을 사지 않기 위해 손수 물레를 돌려 옷을 지어 입었어요. 그는 가장 가난한 사람이 입는 만큼만 옷을 입었고, 평등과 사랑을 실천했어요.

물레를 돌리는 간디

● 인도의 분리 독립

제2차 세계 대전이 끝난 뒤에 인도는 200년 동안 이어진 영국 통치에서 벗어나 독립을 했어요. 그런데 종교의 대립 때문에 힌두교를 믿는 사람들과 이슬람교를 믿는 사람들로 분리되어, 인도와 파키스탄으로 분열되었어요. 간디는 당시 힌두교도와 이슬람교도 사이의 갈등을 풀려고 애쓰다가 어느 힌두교 신자의 총에 맞아 숨지고 말았어요.

힌두교
- '브라마, 시바, 비슈누' 등 여러 신을 믿어요.
- 인도 사람 대부분이 믿는 종교예요.
- 소고기를 먹지 않아요.

이슬람교
- 단 한 명의 유일한 신인 '알라'를 믿어요.
- 파키스탄 사람 대부분이 믿는 종교예요.
- 돼지고기를 먹지 않아요.

마리아 몬테소리

≡ 도구를 이용한 아동 교육의 창시자 ≡

1870년~1952년

"아이들은 놀면서 배워야 해!"

마리아 몬테소리는 몬테소리 교육법을 만든 교육가이자, 이탈리아 최초의 여자 의사예요. 그녀는 지적 장애 아동들을 보살피면서 아이들의 교육 문제에 관심을 기울였고, 아이들을 위한 새로운 교육 방법을 연구했어요. 그리고 어린이의 자유와 개성을 존중하고, 다양한 놀잇감을 활용해 감각을 발달시켜 스스로 배우도록 하는 '몬테소리 교육법'을 만들었지요. 몬테소리 교육법은 널리 인정받아 세계 여러 나라의 유치원과 학교에서 따르고 있어요.

어린이 교육용 놀이 도구를 만들다

몬테소리는 의사가 된 후 지적 장애가 있는 어린이들을 보았어요. 당시 지적 장애아들은 제대로 된 치료도 없이 마치 감옥과 같은 방에 넣어져 동물처럼 취급되었어요. 어느 날 몬테소리는 병동의 어린이가 바닥에 떨어진 빵 부스러기를 가지고 노는 모습을 관찰했어요. 그리고 아이들이 스스로 놀면서 손의 감각을 통해 지능을 키운다는 것을 깨달았지요. 그 후 감각을 발달시키는 놀이 도구를 만들어 치료와 교육에 큰 효과를 거두었어요.

자유와 존중의 몬테소리 교육법

몬테소리는 지적 장애아뿐 아니라 일반 아동에게도 자신의 교육법을 적용하기로 했어요. 1907년, 로마의 빈민가에 '어린이의 집'을 열어 새로운 교육법으로 아이들을 보살폈지요. 몬테소리는 어린이를 그저 작은 어른으로 보던 당시 생각을 깨뜨리고 어린이만의 독특한 세계가 있다는 것을 발견했어요. 그리고 강요와 체벌이 아닌, 자유와 존중으로 어린이를 대하도록 했어요. 적절한 환경을 만들어 주고 어린이가 스스로 성장할 수 있게 돕는 것이 교육자가 할 일이라고 강조했지요.

난 물만 줄 뿐이야.

어린이집

세계사 인물 지식 충전

● 여성 차별을 극복한 몬테소리

몬테소리는 여성 최초로 의과 대학에 들어갔어요. 하지만 남자 학생들과 교수에게 따돌림과 무시를 당했어요. 많은 수업에서 여성이라는 이유로 차별을 받았고, 해부학 실습에도 함께 참여할 수 없어서 혼자 시체를 해부하며 공부했지요. 몬테소리는 이러한 차별과 어려움에도 우수한 성적을 받으며 졸업했고, 국제 행사에서 양성평등에 관한 연설도 했어요.

● 몬테소리 교육법

몬테소리는 어린이가 스스로 활동해 배울 수 있도록 했으며 시각, 청각, 촉각 등 감각 기관의 훈련을 위한 놀잇감을 중요하게 여겼어요. 어린이만의 세계와 자유를 존중한 몬테소리 교육법은 전 세계로 퍼져 오늘날 어린이 교육의 기본 원리가 되었어요.

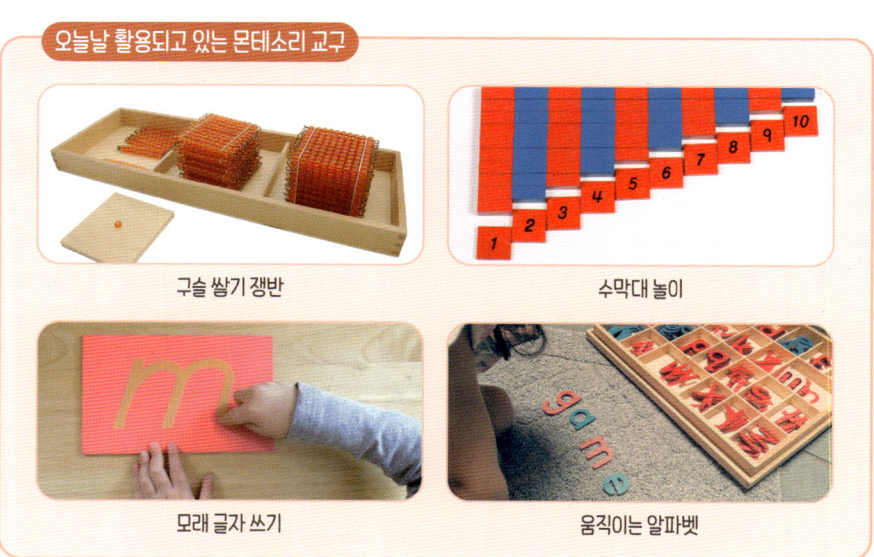

오늘날 활용되고 있는 몬테소리 교구
- 구슬 쌓기 쟁반
- 수막대 놀이
- 모래 글자 쓰기
- 움직이는 알파벳

아문센

≡ 바다, 육지, 하늘을 정복한 탐험가 ≡

1872년 ~ 1928년

남극점 최초 깃발 꽂기 성공!

아문센은 노르웨이의 탐험가예요. 노르웨이에서 선장의 아들로 태어난 그는 일찍부터 탐험가가 되는 꿈을 품었어요. 극지 탐험을 위해 체력을 키웠고, 항해사 자격증을 딴 뒤 남극 탐험대에 참가했어요. 그 후 세계 최초로 북서항로(바다)를 개척했고, 철저한 준비 끝에 최초로 남극점(육지)에 도달했으며, 최초로 북극점 상공(하늘)을 횡단했어요. 그리고 실종된 동료 탐험대를 구출하러 떠난 비행에서 다시 돌아오지 못했어요.

목표를 위해 철저하게 준비하다

아문센은 원래 북극점을 목표로 오랫동안 준비했어요. 그러나 미국의 탐험가 피어리가 먼저 북극점에 도달하자, 아문센은 목표를 남극점으로 바꾸었어요. 최초가 아니라면 그에게 의미가 없었으니까요.

아문센은 남극점 정복을 위해 철저히 준비했어요. 그는 벨기에 탐험대에 참가했을 때 이미 남극의 혹독한 겨울을 체험해 보았고, 북서항로 개척 때에는 북극 지방 원주민인 이누이트한테서 개썰매 이용법과 더불어 극지 생존법을 배우기도 했지요.

최초가 아니면 아무 의미 없다!

경쟁자를 제치고 남극점에 깃발을 꽂다

같은 목표를 가졌던 탐험가, 아문센과 스콧은 탐험 방식이 매우 달랐어요. 아문센은 추위에 강한 썰매 개를 이용했고, 동물 털가죽으로 된 옷을 입었어요. 반면 스콧이 이용한 조랑말들은 추위를 못 견뎌 모두 얼어 죽었고, 스콧의 모직 방한복은 습기를 머금어 더 춥게 만들었어요. 또, 아문센은 지나온 길에 식량을 묻어 짐을 줄이면서 깃발로 저장소를 잘 표시해 두었으나, 스콧은 짐을 모두 실은 무거운 썰매를 끌고 다녀 점점 지쳐 갔어요. 결국 1911년에 아문센이 스콧보다 먼저 남극점에 도착해 최초로 깃발을 꽂았어요.

세계사 인물 지식 충전

● 북서항로, 남극점, 북극점 탐험

북서항로는 유럽에서 북서쪽으로 나아가 태평양과 아시아에 이르는 뱃길을 말해요. 16세기부터 많은 탐험가가 이 항로를 개척하기 위해 도전했지만 오래도록 성공하지 못했어요. 아문센은 고기잡이배를 타고 약 3년의 탐험 끝에 1906년에 최초로 북서항로를 개척했어요. 이후 1911년에 남극점에도 최초로 도달했고, 1926년에는 오랜 목표였던 북극점을 비행선으로 날아 최초로 횡단했어요. 이로써 아문센은 바다, 육지, 하늘을 모두 정복한 최초의 탐험가가 되었지요.

1906년, 아문센과 북서항로 탐험대

● 스콧 탐험대

스콧은 있는 힘을 다해 남극점에 이르렀으나 이미 아문센이 깃발을 꽂고 난 35일 뒤였어요. 스콧과 대원들은 지칠 대로 지쳐 있었고, 결국 돌아오는 길에 눈 속에서 모두 죽음을 맞았어요. 시신과 함께 발견된 스콧의 일기장에는 끝까지 용기를 잃지 않았던 숭고한 정신이 담겨 있으며, 그들의 탐사 기록은 극지방 연구의 소중한 자료로 쓰이고 있어요.

1912년, 남극점에 도달한 스콧 탐험대

슈바이처
≡ 아프리카 밀림의 성자 ≡

1875년 ~ 1965년

아프리카인들을 위해 병원을 세우자!

슈바이처는 독일 출신의 프랑스 의사이자, 신학자이며 음악가예요. 목사의 아들로 태어나 청년 시절 파이프 오르간 연주자로 활동했으며, 철학과 신학을 공부해 박사가 되었어요. 아프리카로 가서 봉사하는 삶을 살기 위해 의사가 되었고, 아프리카 가봉에 병원을 세워 원주민 치료에 전념했어요. 세계 대전이 일어나며 의료 활동에 어려움을 겪기도 했으나 다시 병원을 일으켜 봉사에 헌신했어요. 그러한 삶이 세계에 알려져 감동을 주었고, 슈바이처는 노벨평화상을 받았어요.

봉사에 헌신하는 삶

슈바이처는 20대 때의 어느 날 베푸는 삶에 대해 생각했어요. 그는 서른 살까지는 학문과 예술을 하며 살고, 그 후에는 인류에 직접 봉사하며 살자고 다짐했어요. 신학자로서 대학에서 학생들을 가르치던 그는 서른 살에 의학 공부를 시작했어요. 쉽지 않은 길이었지만 결국 그는 의사가 되었고, 의료 선교사로 자원해 아프리카로 떠났어요. 그의 아내도 함께했는데, 아내 역시 의료 봉사를 위해 간호사 교육을 받았어요.

슈바이처 부부는 아프리카 가봉의 랑바레네에 도착했어요. 슈바이처는 닭장을 고쳐 진료소를 만들었고, 멀리서부터 환자들이 줄지어 찾아왔지요. 제1차 세계 대전이 일어났을 때 슈바이처는 독일인이라는 이유로 프랑스의 포로 수용소에 갇히기도 했어요. 전쟁이 끝나고 아프리카로 돌아간 그는 폐허가 된 병원을 다시 세워 꿋꿋이 의료 활동을 이어갔어요. 슈바이처의 헌신적인 삶이 알려지며 그는 노벨평화상을 받았어요. 하지만 그는 상금으로 새 병원을 짓는 것이 기뻤을 따름이에요.

세계사 인물 지식 충전

● 카이저베르그

슈바이처는 독일과 프랑스의 오랜 분쟁 지역인 알자스의 카이저베르그에서 태어났어요. 출생 당시 알자스는 독일 땅이어서 그는 독일 국적이었으나, 제1차 세계 대전에서 독일이 패하고 알자스 지역이 프랑스 영토가 되자 국적을 프랑스로 바꾸었어요. 이는 프랑스 식민지였던 가봉에서 활동하는 데에 도움이 되었어요. 카이저베르그에서는 슈바이처가 살던 집을 현재 슈바이처 박물관으로 운영하고 있어요.

슈바이처 유품 전시(슈바이처 박물관)

● 오르간 연주자

슈바이처는 이름난 파이프 오르간 연주가였어요. 파리의 바흐 협회에서 오르간 연주자로 활동했으며, 최고의 바흐 음악 전문가로 인정받았지요. 아프리카에서도 오르간을 연주했던 그는 의료 봉사를 위한 기금을 마련하기 위해 유럽을 돌며 연주회를 열었고 음반을 내기도 했어요.

오르간을 연주하는 슈바이처

● 가봉 랑바레네 병원

아프리카 가봉의 랑바레네 시에는 1913년에 슈바이처 부부가 세운 병원이 있어요. 부부는 환자를 치료하며 환자들의 형편에 맞게 치료비를 받았고, 병원에는 많은 사람이 모여들었어요. 슈바이처는 1965년, 사망할 때까지 랑바레네 병원에서 살았어요. 현재 병원 건물은 새 건물로 바뀌었지만 그가 살았던 건물은 그대로 보존되어 많은 방문객이 찾고 있어요.

1964년, 랑바레네에서의 슈바이처

랑바레네 슈바이처 병원의 옛 건물

장애를 극복한 사회 운동가
헬렌 켈러

1880년~1968년

사람들을 위해 내가 할 수 있는 일을 해야지.

헬렌 켈러는 시청각 장애를 극복하고 사회 복지 사업과 인권 운동을 펼친 인물이에요. 그녀는 태어난 지 19개월이 되었을 때 심한 열병을 앓고 나서 시각과 청각을 모두 잃었지만, 가정교사 앤 설리번의 헌신적인 노력으로 언어를 깨치고 세상을 배워 나갔어요. 시청각 장애인 최초로 대학을 졸업했으며, 세계 곳곳을 다니면서 장애인 교육과 사회 복지 사업에 힘썼어요. 또, 소외된 사람들의 인권을 위해서도 힘썼지요. 《나의 생애》를 비롯해 많은 저술도 남겼어요.

앤 설리번을 만나 세상에 눈을 뜨다

보지도 듣지도 못하는 일곱 살의 헬렌 켈러에게 앤 설리번이 가정교사로 찾아왔어요. 자신을 꼭 끌어안는 설리번을 뿌리치느라 버둥거렸던 첫 만남은 헬렌 켈러의 일생에서 가장 중요한 만남이었어요. 어느 날 설리번은 마당의 펌프에서 쏟아지는 물줄기에 헬렌의 손을 갖다 댔고, 다른 손에는 물이라는 단어를 써 주었어요. 헬렌은 기적처럼 마음의 눈을 뜨며 비로소 언어를 알게 되었지요. 설리번의 끝없는 사랑과 헌신으로 헬렌은 세상을 배워 나갔어요.

소외된 사람들을 위해 빛을 던지다

헬렌 켈러는 대학교에 들어가 시청각 장애인 최초로 학사 학위를 받았어요. 그는 자신의 신체적 장애를 극복했을 뿐만 아니라 사회의 불평등과 차별을 극복하기 위해서도 싸웠어요. 열악한 환경에서 일하는 노동자, 정당한 권리를 얻지 못한 여성, 피부색 때문에 차별받는 인종 등 소외되고 어려운 사람들을 위해 목소리를 냈지요. 이처럼 헬렌 켈러는 용기 있는 삶 자체로 세상에 빛을 던져 주었어요.

헬렌 켈러가 우리를 눈뜨게 했어!

● 앤 설리번

헬렌 켈러의 선생님인 앤 설리번 또한 어릴 때 심한 눈병에 걸려 시각 장애를 겪었어요. 여러 번 수술을 하고 나서야 어느 정도 시력을 되찾을 수 있었지요. 설리번은 헬렌의 대학교 수업에서도 항상 옆에 앉아서 헬렌의 손바닥에 강의 내용을 적어서 알려 주었어요. 그녀는 평생 헬렌 켈러의 곁을 지킨, 헬렌의 든든한 동반자이자 위대한 스승이었어요.

1888년, 어린 헬렌과 앤 설리번

앤이 헬렌에게 '물'의 뜻을 가르치는 연극의 한 장면
(1960년, 미국 뉴욕 브로드웨이 연극)

● 여성 참정권 운동

참정권은 '선거에 투표할 권리'를 말해요. 지금은 대부분의 나라에서 성인 남녀 모두 참정권이 있지만, 과거에 여성들에게는 참정권이 없었어요. 헬렌 켈러는 여성 참정권 운동에 적극적으로 나섰어요. 여성도 마땅히 선거에서 투표할 권리를 가져야 한다고 강하게 주장했지요. 그녀를 비롯한 여성들의 참정권 운동으로 미국에서는 1920년에 비로소 여성 참정권이 법적으로 보장되었어요. 이후 영국은 1928년, 프랑스는 1946년이에 여성 참정권이 생겼어요.

1912년, 미국 뉴욕의 여성 참정권 행진

≡ 미국의 영웅이 된 여성 비행사 ≡
· 아멜리아 에어하트 ·

1897년~1937년

사람들에게 희망을 주는 비행을 하자!

아멜리아 에어하트는 어린 시절부터 모험심이 많고 바깥에서 활동하기를 좋아했어요. 부모님과 에어쇼를 본 후 비행사가 되기로 마음먹었지요. 비행사 면허를 딴 그녀는 여성 최초로 4천 미터 이상 고도에 올라가 신기록을 세웠고, 여성 비행사 최초로 혼자서 비행기를 조종해 대서양을 건넜어요. '하늘의 퍼스트레이디'로 불리며 미국의 영웅이 된 아멜리아는 세계 일주 비행에 도전했어요. 하지만 태평양의 작은 섬으로 비행하던 중 실종되었어요.

여성 최초의 대서양 단독 비행

1928년 아멜리아 에어하트는 남자 비행사 두 명이 조종하는 비행기를 타고 스무 시간가량을 날아 대서양을 건넜어요. 당시 대서양을 횡단하는 비행은 목숨을 거는 위험한 도전이었어요. 그러한 모험에 뛰어든 아멜리아는 세계 최초로 대서양을 가로지른 여성이 되어 크게 유명해졌어요. 하지만 아멜리아의 마음은 온전히 기쁘지 않았어요. 남이 조종하는 비행기에 자신은 그저 실려 갔을 뿐이라고 생각했기 때문이에요.

1932년 드디어 아멜리아는 대서양 횡단을 위해 혼자서 비행기에 올랐어요. 뉴펀들랜드에서 출발한 비행은 순탄하지 않았어요. 거센 북풍이 몰아쳤고 고도계가 고장 났으며 날개에 얼음이 얼어붙기도 했어요. 이 모든 고비를 넘기며 아멜리아는 대서양을 건너가 북아일랜드에 착륙했어요. 여성 최초의 대서양 단독 비행인 동시에, 약 15시간이라는 가장 짧은 시간이 걸린 대서양 횡단이었지요. 아멜리아는 그 후에도 도전을 이어 나가 세계 최초로 하와이에서 캘리포니아까지 단독 비행에 성공하는 등 세계를 열광하게 했어요.

세계사 인물 지식 충전

● 대공황 시기에 희망을 준 영웅

대공황은 제1차 세계 대전 이후 1929년부터 1939년까지 이어진 세계적인 경제 혼란이에요. 이 시기에 기업과 은행이 망하고 수많은 사람이 일자리를 잃어 사회가 몹시 불안했어요. 이 어려운 시기에 아멜리아 에어하트의 활약은 지쳐 있던 사람들에게 희망과 용기를 주었고, 그녀는 국민 영웅이 되었어요. 당시 비행기는 오늘날처럼 첨단 장비도 없었고, 대서양 횡단은 여러 명의 비행사가 목숨을 잃은 위험한 도전이었기에 그녀의 성공은 사람들에게 큰 의미로 다가왔지요.

1936년, 아멜리아 에어하트

● 실종 수수께끼

아멜리아 에어하트의 마지막이 된 도전은 세계 일주 비행이었어요. 1937년 5월, 아멜리아는 미국 오클랜드에서 출발해 남아메리카, 대서양, 아프리카, 인도, 동남아시아, 오스트레일리아를 거쳤어요. 그리고 태평양에 있는 섬, 하울랜드로 날아가던 중 사라졌어요. 미국 정부와 그녀의 남편이 오랫동안 바다를 샅샅이 수색했지만 아무 흔적도 찾아내지 못했어요.

테레사 수녀

≡ 가장 가난한 사람들의 어머니 ≡

1910년 ~ 1997년

> 신의 뜻에 따라 어려운 사람들을 위해 살겠습니다.

테레사 수녀는 평생 가난하고 병든 사람을 위해 살았던 가톨릭 교회의 수녀예요. 마케도니아에서 태어난 테레사 수녀는 어려서부터 신앙심이 깊어, 18세에 아일랜드의 로레토 수녀회에 들어가 테레사라는 이름을 받았어요. 인도 콜카타에서 수녀원 부속 학교의 학생들을 가르쳤고, 인도의 빈민가로 들어가서 가난하고 병들고 소외된 사람들을 위해 평생을 봉사했지요. 사랑의 선교 수녀회를 설립했고, 노벨평화상 등 많은 상을 받았어요.

평생 봉사와 사랑을 실천하다

1946년 어느 날 기차를 타고 가던 테레사 수녀는 '가난한 사람 중에서도 가장 가난한 사람들을 위해 살라'는 신의 목소리를 들었어요. 테레사 수녀는 인도의 빈민가에서 직접 봉사하기로 마음먹고, 수녀원을 떠나 홀로 콜카타의 빈민 거리로 들어갔어요. 검은 수녀복을 벗고 인도의 하얀 사리를 입었지요. 이것은 인도에서 가장 가난하고 천한 신분의 여성들이 입는 옷이었어요.

영국의 지배를 막 벗어난 인도는 종교 대립과 정치 갈등으로 사회가 불안정했고, 거리에는 굶주리고 병든 사람이 가득했어요. 테레사 수녀가 처음 봉사에 나섰을 때, 몇몇 인도인들은 그것이 가톨릭교를 전파하려는 활동은 아닌지 의심했어요. 테레사 수녀는 오로지 봉사와 사랑을 실천할 뿐임을 행동으로 묵묵히 보여 주었고, 인도 국적까지 취득했지요. 그녀의 헌신과 노력에 인도인들도 차츰 마음을 열었고, 사람들은 테레사 수녀를 가난한 사람들의 어머니를 뜻하는 '마더 테레사'로 부르기 시작했어요.

세계사 인물 지식 충전

● 인도 카스트 제도

'카스트'라고 불리는 인도의 신분제는 크게 네 계급으로 나뉘었어요. 가장 높은 계급부터 브라만(종교 지도자), 크샤트리아(사회 지도층), 바이샤(경제 활동가), 수드라 순이지요. 그리고 카스트에 들지 못하는 가장 낮은 신분으로 불가촉천민이 있어요. 오늘날 인도에서는 신분에 따른 차별을 법으로 금지하고 있지만, 카스트의 뿌리는 여전히 인도 사회 깊숙이 자리하고 있어요.

카스트 제도

● 노벨평화상을 받은 테레사 수녀

1979년, 평소와 같이 흰색 사리를 입은 모습으로 노벨평화상을 받은 테레사 수녀는 시상식 기념 만찬을 취소해 달라고 했어요. 대신 그 비용을 가난한 사람들을 위해 써 달라고 했지요. 또한 상금을 받은 그녀는 "이 돈으로 빵을 몇 개 살 수 있을까요?"라며 상금을 모두 콜카타의 빈민들을 위해 사용했어요.

콜카타의 테레사 수녀 사진 전시회

● 사랑의 선교 수녀회

사랑의 선교 수녀회는 가장 가난한 사람들과 함께하는 것을 목적으로 1950년에 테레사 수녀가 설립했어요. 죽어가는 사람들, 버려진 아이들, 한센병 환자 등 소외되어 고통받는 사람들을 정성껏 보살피며 활동했어요. 교황청의 정식 인가를 받아 세계 곳곳에 분원을 세웠으며, 우리나라를 포함해 전 세계 여러 나라에서 아프고 가난한 사람들을 위해 활동하고 있답니다.

≡ 인종 차별이 없는 사회를 꿈꾸다 ≡
마틴 루서 킹

1929년 ~ 1968년

나에게는 꿈이 있습니다.

마틴 루서 킹은 미국의 목사이자 인권 운동가예요. 몽고메리에서 일어난 흑인 차별에 항의하는 운동을 이끌어 차별법을 없애는 데 성공했어요. 간디처럼 비폭력주의를 지키며 운동을 전개했고, 워싱턴에서 열린 대행진에서 인종차별 없이 모든 사람이 평화롭게 함께 사는 세상을 꿈꾼다는 명연설을 했어요. 흑인 인권을 위한 비폭력 운동으로 노벨평화상을 받았으며, 세계 평화에도 관심을 기울여 베트남 전쟁을 반대했어요.

차별법을 없앤 비폭력 인권 운동가

1955년 어느 날, 미국 몽고메리에서 로자 파크스라는 흑인 여성이 버스에서 흑인을 부당하게 대우하는 일에 맞서다가 체포되었어요. 이후 흑인들의 '버스 안 타기 운동'이 일어났고, 마틴 루서 킹이 이 운동을 이끌었어요. 흑인들은 버스를 타지 않고 걸어 다니거나 승용차를 함께 탔어요. 버스업체는 크게 손해를 보았고, 결국 인종에 따라 좌석을 분리하던 흑인 차별법이 폐지되었지요. 이 일로 마틴 루서 킹은 비폭력 인권 운동가로 널리 이름이 알려졌어요.

흑인의 투표권을 위한 평화 행진

1965년 마틴 루서 킹은 흑인 투표권을 위한 운동에도 앞장섰어요. 당시 흑인들은 투표권이 있었지만 실제로는 투표하기가 무척 어려웠어요. 투표를 하려면 시험 문제를 풀어 통과해야 했는데, 백인에게는 쉬운 문제를 내는 반면에 흑인에게는 일부러 어려운 문제를 내서 투표를 못 하도록 방해했어요. 마틴 루서 킹은 이러한 차별에 항의하기 위해 평화 행진을 벌였어요. 이 행진에 수만 명의 시민이 함께했고, 결국 차별을 금지하는 투표권법이 통과되어 흑인들도 정당한 권리를 행사하게 되었어요.

세계사 인물 지식 충전

● 로자 파크스

몽고메리의 백화점에서 일을 마친 후 버스에 탔던 로자 파크스는 백인 승객에게 자리를 비켜 주라는 버스 기사의 요구에 응하지 않고 당당히 자리를 지키며 맞섰어요. 그녀의 용기 있는 행동으로 흑인 차별 반대 운동이 시작되었지요. 로자 파크스는 '현대 인권 운동의 어머니'라고 불리며, 그녀가 탔던 버스는 소수자의 억압과 차별에 반대하는 상징으로써 전시되어 있어요.

로자 파크스가 탔던 버스 (로자 파크스 박물관 전시)

● 워싱턴 행진 연설

1963년 워싱턴 D.C.에서는 일자리와 자유를 위한 대행진이 열렸어요. 20만 명이 넘는 사람들이 모였고, 링컨 기념관 앞에서 마틴 루서 킹은 다음과 같이 연설했어요.

> 나에게는 꿈이 있습니다.
> 언젠가 조지아주의 붉은 언덕에서
> 옛 노예의 자손과 노예 주인의 자손이
> 함께 형제의 식탁에 둘러앉을 수 있을 거라는 꿈입니다.
> 나에게는 꿈이 있습니다.
> 나의 네 명의 어린 자녀가 언젠가는 그들의 피부색이 아니라
> 각자의 성품으로 판단되는 나라에 살게 될 거라는 꿈입니다.
> ……

세계 지도로 만나 보는 세계사 인물

정치 지도자들

윈스턴 처칠
(1874년~1965년)
직업: 영국의 정치가, 작가
업적: 제2차 세계 대전 승리

나폴레옹
(1769년~1821년)
직업: 프랑스 군인, 통령, 황제
업적: 유럽 정복, 나폴레옹 법전 편찬

칭기즈 칸
(1162년~1227년)
직업: 몽골 제국의 왕
업적: 세계 최대의 몽골 제국 건설

엘리자베스 1세
(1533년~1603년)
직업: 영국의 여왕
업적: 영국을 강대국으로 발전시킴

잔 다르크
(1412년~1431년)
직업: 프랑스군 지휘관
업적: 백 년 전쟁에서 프랑스의 승리를 이끎

아시아

영국 유럽

프랑스

몽골

튀니지 (카르타고)

중국

인도

베트남

아프리카

한니발
(b.c.247년~b.c.183(?)년)
직업: 카르타고의 장군
업적: 제2차 포에니 전쟁에서 활약

아소카왕
(b.c.273(?)년~b.c.232(?)년)
직업: 인도 마우리아 왕조 제3대 왕
업적: 인도 최초의 통일 제국 건설

오세아니아

남아프리카 공화국

넬슨 만델라
(1918년~2013년)
직업: 남아프리카 공화국 첫 흑인 대통령
업적: 인종 차별 정책 폐지

호찌민
(1890년~1969년)
직업: 베트남의 정치가
업적: 베트남 공산당 창립, 베트남 민족 운동 주도

알렉산드로스 제국

알렉산드로스
(b.c.356년~b.c.323년)
직업: 마케도니아 왕
업적: 동방 원정, 대제국 건설

로마 제국

카이사르
(b.c.100년~b.c.44년)
직업: 로마의 정치가, 장군
업적: 갈리아 정복, 율리우스력 시행

옥타비아누스
(b.c.63년~14년)
직업: 로마의 황제
업적: 로마 제국의 기반 확립

조지 워싱턴
(1732년~1799년)
직업: 미국 초대 대통령
업적: 독립 전쟁 승리, 연방 헌법과 대통령제 확립

에이브러햄 링컨
(1809년~1865년)
직업: 미국 제16대 대통령
업적: 노예 해방 선언

북아메리카

미국

쿠바

진시황제
(기원전 259년~기원전 210년)
직업: 진나라 황제
업적: 중국 최초의 통일 제국 건설

쑨원
(1866년~1925년)
직업: 중국의 정치가
업적: 중국 최초의 공화제 수립

체 게바라
(1928년~1967년)
직업: 혁명가, 의사
업적: 쿠바 혁명

남아메리카

세계 지도로 만나 보는 세계사 인물

사회 활동가들

나이팅게일
(1820년~1910년)
직업: 영국의 간호사
업적: 의료 체계 개혁, 간호 학교 설립

아문센
(1872년~1928년)
직업: 노르웨이의 탐험가
업적: 최초로 남극점 도달, 최초로 북서항로 개척

페스탈로치
(1746년~1827년)
직업: 스위스의 교육자
업적: 어린이를 위한 새로운 교육 실천

마리아 몬테소리
(1870년~1952년)
직업: 이탈리아의 교육가, 의사
업적: 몬테소리 교육법 창시

- 노르웨이
- 영국
- 유럽
- 스위스
- 이탈리아
- 아시아
- 인도
- 가봉
- 아프리카
- 오세아니아

간디
(1869년~1948년)
직업: 인도의 민족 운동 지도자
업적: 비폭력 불복종 운동

슈바이처
(1875년~1965년)
직업: 의사
업적: 아프리카 가봉에서 의료 활동에 헌신

테레사 수녀
(1910년~1997년)
직업: 가톨릭 교회 수녀
업적: 가난하고 병든 사람을 위한 봉사와 사랑 실천

🏷️ 신항로 개척 시대

마르코 폴로
(1254년~1324년)
직업: 이탈리아 여행가, 상인
업적: 《동방견문록》 구술

콜럼버스
(1451년~1506년)
직업: 이탈리아 탐험가
업적: 대서양을 횡단해 아메리카 대륙 발견

마젤란
(1480년~1521년)
직업: 포르투갈 탐험가
업적: 마젤란 해협 발견, 최초의 세계 일주 선단 지휘

벤저민 프랭클린
(1706년~1790년)
직업: 미국의 과학자, 정치가
업적: 피뢰침 발명, 미국 독립 선언서 작성

앤드루 카네기
(1835년~1919년)
직업: 미국의 기업가
업적: 카네기 철강회사 설립, 교육과 문화 자선 사업

헨리 포드
(1863년~1947년)
직업: 미국의 기업가
업적: 포드 자동차 회사 설립, 자동차의 대중화

북아메리카

미국

헬렌 켈러
(1880년~1968년)
직업: 미국의 사회사업가, 저술가
업적: 사회 복지 사업, 인권 운동

아멜리아 에어하트
(1897년~1937년)
직업: 미국의 비행사
업적: 여성 최초로 대서양 횡단 비행

마틴 루서 킹
(1929년~1968년)
직업: 미국의 목사, 인권 운동가
업적: 흑인 인권 운동

남아메리카

찾아보기

간디 113
갈리아 24
갈리아 전기 28
강철왕 106
고르디우스의 매듭 10
군현제 18

ㄴ

나이팅게일 101
나이팅게일 다이어그램 104
나이팅게일 선서 104
나폴레옹 49
나폴레옹 법전 52
나폴레옹 시대 52
남북 전쟁 54, 55
넬슨 만델라 69
노벨문학상 61
노벨평화상 69, 125, 137, 141
노예제 54
노예 해방 55

ㄷ

대공황 136
대량 생산 111, 112
대총통 60
동방 무역 86
동방견문록 83, 84
동인도 회사 44
디엔비엔푸 전투 68

라오콘 군상 12
러시모어산 56
로마 공화정 28
로마 제국 24
로마 판테온 32
로벤섬 72
로자 파크스 144
루비콘강 27
루스티첼로 84
링컨 기념관 56

ㅁ

마녀사냥 40
마르코 폴로 81
마리아 몬테소리 117
마우리아 왕조 13
마젤란 89
마젤란 선단 92
마젤란 해협 91
마케도니아 12
마틴 루서 킹 141
마하트마 간디 115
만리장성 20
말루쿠 제도 90, 92
몬테소리 교구 120
몬테소리 교육법 119, 120
몽골 기마병 36
몽골 제국 36
무적함대 42, 44
미국 독립 선언서 96
미국 독립 전쟁 48

바스쿠 다 가마 88
바이샤 140
백 년 전쟁 38, 40
법가 사상 17
베트남 전쟁 68
벤저민 프랭클린 93
병마용 20
북서항로 124
분서갱유 19
불교 16
브라만 140
비폭력 불복종 운동 114
비폭력 인권 운동가 142

ㅅ

사랑의 선교 수녀회 140
산치 대탑 16
삼두 정치 28
삼민주의 60
샤를 왕세자 38
석가모니 16
세계 대전 64
세들레츠 성당 40
소금 행진 115
수도교 32
수드라 140
슈바이처 125
슈바이처 박물관 128
스콧 123, 124
스콧 탐험대 124
신항로 개척 시대 88

신해혁명 59, 60
쑨원 57

아그리파 32
아메리고 베스푸치 88
아멜리아 에어하트 133
아문센 121
아소카 왕 석주 16
아소카왕 13
아우구스투스 30
아파르트헤이트 69, 72
악티움 해전 31
안토니우스 30
알렉산드로스 9
알렉산드리아 12
앤 설리번 130, 132
앤드루 카네기 105
에밀 100
에이브러햄 링컨 53
엘리자베스 1세 41
엘리자베스 시대 44
여성 참정권 운동 132
오를레앙 성 39
옥타비아누스 29
워싱턴 기념탑 48
워싱턴 D.C. 48
위안스카이 60
윈스턴 처칠 61
율리우스력 28
이누이트 122
이베르돈 99
이슬람교 116

자연주의 100
잔 다르크 37
장 자크 루소 100
제자백가 20
조지 워싱턴 45
중앙 집권제 18
중화민국 59
진시황제 17

청 왕조 60
체 게바라 73
춘추 전국 17, 18
칭기즈 칸 33

카네기 홀 108
카르타고 24
카르타고 유적지 24
카스트 제도 140
카스트로 75, 76
카이사르 25
카이사르의 죽음 28
카이저베르그 128
칼링가 14
컨베이어 벨트 112
콜럼버스 85
콜카타 138
쿠바 혁명 74
쿠빌라이 칸 36, 82
크림 전쟁 104
크샤트리아 140
클레오파트라 30

태평양 91
테레사 수녀 137
테무친 33

파리 평화 회의 66
페니키아인 24
페스탈로치 97
펠리페 2세 42, 44
평화 행진 143
포드 T형 자동차 112
포에니 24
포에니 전쟁 24
폼페이우스 26, 28
프랑스 혁명 52
프랭클린 난로 96
피뢰침 94, 96

한니발 21
향신료 92
헨리 포드 109
헬레니즘 문화 12
헬렌 켈러 129
호 아저씨 67
호찌민 65
흑사병 40
히스파니아 22, 24
힌두교 116

사진 출처

16쪽 산치 대탑(ⓒPallav Singhal) | 20쪽 병마용(ⓒEBS) | 32쪽 로마 판테온(ⓒNicholas Hartmann), 판테온 내부 천장(ⓒSarahhoa), 프랑스 가르강 수도교(ⓒBenh LIEU SONG), 스페인 세고비아 수도교(ⓒBernard Gagnon) | 48쪽 워싱턴 기념탑(ⓒEric T. Gunther) | 52쪽 나폴레옹 법전(ⓒThe History Website of the Fondation Napoleon) | 56쪽 러시모어산(ⓒXiao Fang), 링컨 기념관(ⓒTmichaeld) | 60쪽 자금성(ⓒCaptain olimar) | 68쪽 미국의 베트남 전쟁 반대 시위(ⓒuwdigitalcollections) | 72쪽 로벤섬 감옥(ⓒMoheen Reeyad) | 76쪽 체 게바라 흉상(ⓒAugusto Starita) | 92쪽 발견 기념비(ⓒPlenumchamber) | 96쪽 피뢰침(ⓒChris Light) | 108쪽 카네기 홀(ⓒAjay Suresh) | 112쪽 포드 T형 자동차(ⓒJoe Ross) | 120쪽 모래 글자 쓰기(ⓒLisa Maruna) | 128쪽 슈바이처 유품 전시(ⓒJi-Elle), 오르간을 연주하는 슈바이처(ⓒOslo Museum), 랑바레네 슈바이처 병원(ⓒDavid Stanley), 랑바레네에서의 슈바이처(ⓒGert Chesi) | 144쪽 로자 파크스가 탔던 버스(ⓒRmhermen)

그 외 shutterstock, wikimedia의 사진이 사용되었습니다.

역사가 쏙쏙
세계사 인물 1

1판 1쇄 발행 2021년 12월 27일
1판 2쇄 발행 2022년 8월 30일

글 이보림
그림 홍연시
감수 이선희

펴낸이 김유열
지식콘텐츠센터장 이주희
지식출판부장 박혜숙
지식출판부 · 기획 장효순, 최재진 | **마케팅** 이정호, 최은영

책임편집 김현경
디자인 양X호랭 DESIGN
인쇄 명진씨앤피

펴낸곳 한국교육방송공사(EBS)
출판신고 2001년 1월 8일 제2017-000193호
주소 경기도 고양시 일산동구 한류월드로 281
대표전화 1588-1580
이메일 ebsbooks@ebs.co.kr
홈페이지 www.ebs.co.kr

ISBN 978-89-547-6235-9 74900
      978-89-547-6234-2 (세트)

ⓒ 2021, EBS·이보림·홍연시

이 책은 저작권법에 따라 보호받는 저작물이므로 무단 전재 및 무단 복제를 금합니다.
파본은 구입처에서 교환해 드리며, 관련 법령에 따라 환불해 드립니다. 제품 훼손 시 환불이 불가능합니다.